페르낭 브로델

지중해 · 물질문명과 자본주의

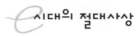

e시대의 절대사상

페르낭 브로델

지중해 · 물질문명과 자본주의

| 김응종 | 페르낭 브로델 |

살림

*e*시대의 절대사상을 펴내며

고전을 읽고, 고전을 이해한다는 것은 비로소 교양인이 되었다는 뜻일 것입니다. 또한 수십 세기를 거쳐 형성되어 온 인류의 지적유산을 제대로 이해하고, 그 바탕 위에서 새로운 자기만의 일을 개척할 때, 그 사람은 그 방면의 전문가가 될 수 있을 것입니다. 프랑스의 대입제도 바칼로레아에서 고전을 중요하게 취급하는 까닭도 그와 같은 이유 때문이겠지요.

그러나 예전에도, 현재에도 고전은 유령처럼 우리 주위를 떠돌기만 했습니다. 막상 고전이라는 텍스트를 펼치면 방대한 분량과 난해한 용어들로 인해 그 내용을 향유하지 못하고 항상 마음의 부담만 갖게 됩니다. 게다가 지금 우리는 고전을 읽기에 더 악화된 시대를 살고 있습니다. 변하지 않고 있는 교육제도와 새 미디어의 홍수가 우리를 그렇게 만들고 있는 것입니다.

고전을 읽어야 하지만, 읽기 힘든 것이 현실이라면, 고전에 친근하게 다가갈 수 있는 새로운 방법을 응당 고민해야 하지 않을까요? 살림출판사의 *e*시대의 절대사상은 이러한 문제의식을 가지고 기획되었습니다. 고전에 대한 지나친 경외심을 버리고, '아무도 읽지 않는 게 고전'이라는 자조를 함께 버리면서 지금 이 시대에 맞는 현대적 감각의 고전을 만들고자 했습니다.

고전의 내용이 지나치게 주관적으로 해석되어 전달되는 위험을 피할 수 있도록 그 분야에 대해 가장 정통하면서도 오랜 연구 업적을 쌓은 학자들이 자신의 경험을 응축시켜 새로운 고전에의 길을 열고자 했습니다. 마치 한 편의 잘 짜여진 다큐멘터리 프로그램을 보듯 고전이 탄생할 수 있었던 시대적 배경과 작가의 주변 환경, 그리고 고전에 담긴 지혜를 재미있게 습득할 수 있도록 내용을 구성했고 난해한 전문용어나 개념어들은 최대한 알기 쉽게 설명했습니다.

이전에 경험하지 못했던 새로운 감각의 고전 *e시대의 절대사상*은 지적욕구로 가득 찬 대학생·대학원생들과 교사들, 학창시절 깊이 있고 폭넓은 교양을 착실하게 쌓고자 하는 청소년들, 그리고 이 시대의 리더를 꿈꾸는 모든 사람들에게 생생하게 살아 숨쉬는 인류 최고의 지혜를 전달할 것이라고 확신합니다.

기획위원

서강대학교 철학과교수 강영안

이화여자대학교 중문과교수 정재서

들어가는 글

"서울대학생을 위한 권장도서 100선"이라는 것이 있다. 직접적으로는 서울대학교 학생들이, 간접적으로는 대한민국의 대학생들이 읽었으면 좋겠다 싶은 동서양의 고전 100권을 뽑아놓은 것이다. 전반적으로 학생들의 지식수준을 너무 높게 잡지 않았나 하는 생각이 들기도 하지만, 어쨌든 하나의 목표로서의 가치는 있을 것으로 여겨진다. 100선 가운데 서양 사상 부분은 27권이 있는데 그중에 역사 서적으로는 헤로도토스의 『역사』, 페르낭 브로델의 『물질문명과 자본주의』, 그리고 에릭 홉스봄의 4부작(『혁명의 시대』『자본의 시대』『민족의 시대』『극단의 시대』)이 들어 있다. 서양 사상을 대표하는 사상가 속에 역사가가 세 명밖에 포함되어 있지 않다는 사실은 우리 사회의 역사학 경시 풍조 내지는 무지를 그대로 보여 주는 것이다. 역사가는 그가 어느 시대에 대해 쓰든지 간에 당대에 대해 이야기하는 것이고, 그래서 당대의 사상가이기 때문이다. 크로체가 "모든 역사는 현대사"라고 말한 것은 참으로 옳다.

나는 페르낭 브로델의 이름이 들어 있는 것을 보고 한편으로는 반가웠지만 다른 한편으로는 씁쓸했다. 반가웠던 이유는 '역사가'를 높이 평가하는 사람이 있기는 있구나 하는 생각이 들었기 때문이고, 씁쓸했던 이유는 과연 이 역사가가 이렇게 영광스러운 자리를 차지할 정도의 위대한 역사가인가 하는 생각이 들었기 때문이다. 나는 브로델의 '역사'는 그의 '신화'에 미치지 못한다는 생각을 하고 있다. 그것은 이 글을 쓰기 전이나 이 글을 마친 후나 변함이 없다. 그의 역사학은 웅장하지만 짜임새가 없고, 논리적인 설명이 아니라 사례와 수사학적 비유가 과다하며, 수다가 범람하기 때문에, 군데군데 대역사가다운 식견이 빛나지 않는 것은 아니지만 전체적으로는 작품으로서의 완성도가 떨어진다. 신화적인 인물이 되어가고 있는 브로델을 역사의 무대로 끌어내려 제대로 평가할 필요가 있다. 구조와 인간, 구조와 변동 등 역사학의 중요 문제에 대해 그가 변죽만 울린 것들에 대해 "있는 그대로" 평가할 필요가 있는 것이다. 대역사가의 권위에 눌려 그가 하지도 않은 말을 대신 하면서 논리를 만들어내는 일은 신화를 만드는 데 일조할 뿐 역사를 만드는 일은 아니다. 이 글에는 내 나름대로의 평가가 들어 있지만, 그러나 평가는 각자가 할 수밖에 없는 것. 그러니 독자들이 직접 브로델의 책을 읽어보아야 한다. 나는 다소 비판적인 시각을 가지고 일종의 해제를 쓴 셈인데, 독자들의 호기심을 자극하여 독자들이 직접 브로델을 찾는 계기가 된다면 그것으로 나의 시도는 성공이다.

페르낭 브로델의 대표작으로는 1947년에 박사 학위 논문으로 발표되어 1949년에 출판된 『펠리페 2세 시대의 지중해와 지중해 세계』(이후 『지중해』로 표기함)와 1979년에 완간된 『15~18세기의 물질문명·경제·자본주의』(이후 『물질문명과 자본주의』로 표기함)를 꼽을 수 있다. 『지중해』는 16세기 지중해 세계의 번영과 쇠퇴를 '구조-국면(콩종튀르)-사건' 이라는 특유의 삼층 구조로 나누어 설명한 책으로, 역사방법론적인 차원에서 지리적 역사와 구조주의 역사의 모델로 평가받는다. 『물질문명과 자본주의』는 전(前)산업화 시대의 세계경제사를 '물질문명-시장경제-자본주의' 라는 삼층 구조로 나누어 설명한 책으로, 자본주의와 시장경제를 분리·대립시키고 자본주의의 본질을 '독점' 으로 파악하는 독특한 관점 때문에 역사학자는 물론 경제학자들의 관심을 모았다. 이 두 권의 책에는 브로델 사학의 주요 개념인 '장기지속' 즉 오랜 시간 동안의

'거의 변함없음', 오랜 시간 동안의 '반복'이 잘 나타나 있다.

페르낭 브로델의 역사학을 평가하기 위해서는 무엇보다도 이 두 권의 책을 읽어야 한다. 그러나 그것이 쉽지는 않다. 1985년판 『지중해』의 분량은 총 1216쪽(제1권 588쪽, 제2권 628쪽)인 데다가 한국어 번역판조차 아직 나오지 않았다. 『물질문명과 자본주의』는 국내 번역판이 무려 6권(제1부 『일상생활의 구조』 2권, 제2부 『교환의 세계』 2권, 제3부 『세계의 시간』 2권)으로 나와 있다. 게다가 브로델의 책에는 체계적인 설명 대신 세부적인 에피소드들이 가득하기 때문에 특별한 역사적 사실을 접하는 재미는 있으나 전체적인 맥락을 잡기는 쉽지 않다. '과학적인 역사'를 지향하기에 수많은 통계와 도표로 장식되어 있기는 하지만 전반적으로 논리적이라기보다는 직관적이고 체계적이라기보다는 산만하다는 인상을 준다. 좋은 의미로는 커다란 모자이크화를 감상하는 느낌을 받을 수 있다.

역사를 전공하지 않는 사람이 『지중해』를 외국어로 읽거나 『물질문명과 자본주의』를 분석적으로 읽는다는 것은 쉬운 일이 아니다. 브로델의 책이 오묘하거나 난해해서가 아니다. 너무 방대하고 복잡해서 끈기 있는 독서를 방해하기 때문이다. 그러나 브로델의 책에서 '사건'을 제하고 '구조'를 파악한다면 과거와 현재를 이해하는 데 유익한 메시지를 많이

들을 수 있다. 여러 번 읽으면, 혼란스러운 사실들과 감각적인 표현들 밑에 숨어 있는 반복적으로 되풀이되는 어떤 일관된 논리를 발견할 수 있다. 그러나 그때까지의 과정은 힘들기만 하다. 나는 독자들을 위해 '논리'를 끄집어냈으며, 본서 2부 "거대한 역사"에서는 브로델의 기술과 설명, 표현 등을 가급적 그대로 옮김으로써 독자들이 직접 브로델의 책을 읽는 기분을 맛보도록 했다. 인용할 수 있을 만큼 문장이 깔끔할 때는 직접 인용했지만 그렇지 않을 경우에는 가지치기를 해서 요약해놓았다. 화자를 분명히 밝히지는 않았어도 대체로 브로델의 이야기이다. 브로델의 책에서 인용했을 때는 일일이 주석을 달지 않았다. 독자들의 양해를 구한다.

　본서는 3부로 구성되어 있는데, 중심은 2부이다. 1부는 2부의 이해를 돕기 위한 도움말이다. 그러나 도움말치고는 다소 이론적인 설명들이 많아 2부에 대한 지식이 없으면 이해하기가 어렵지 않을까 우려된다. 어쩌면 2부를 먼저 읽는 편이 나을지도 모르겠다. 2부 1장과 2장의 제목을 각각 "지중해 세계의 쇠퇴"와 "자본주의의 전망"으로 잡은 것은 나름대로 이유가 있다. 아날학파가 제시한 '새로운 역사학'으로 문제사와 전체사로 들면서, 브로델의 전체사는 문제사와 양립하지 못한다는 비판을 하는 경우가 많다. 브로델의 스승인 뤼시앵 페브르는 "사료가 없으면 역사가 없는 것"이 아니라 "문제가 없으면 역사가 없다"며 문제사를 랑케 이후의 새로운 역사학으로 제시한 바 있다. 그러나 '문제사'라는 것이 새로운 역사는 아니다. 역사가라면 누구나 문제를 제기하고 해결하기 위해 노력하기 때문에 모든 역사는 본질적으로 문제사이다. 차이가 있다면 (헤이든 화이트가 잘 밝혀냈듯이) 플롯의 차이가 있을 뿐이다. 브로델의 전체사 역시 문제사의 범주에 들어간다. 그가 『지중해』에서 제기한 문제는 16세기 지중해 세계가 쇠퇴했다면 그 이유는 무엇이고 그 시점은 언제인가 하는 것이며, 『물질문명과 자본주의』에서 제기한 문제는 자본주의의 본질은 무엇이며 자본주의는 계속될 것인가 하는 것이었다. 장 제목은 그러한 '문제'를 담고 있다. 3부는 브로델 이후 세대에 가서 아날학파의 역사학이 어떻게 변했는지를 살펴보는 일종의 에필로그이다. '사건, 개인, 정치'는 소위 말하는 프랑수아 시미앙의 세 우상에 해당하는 것으로, 아날학파의 '새로운 역사'는 이것에 대한 전통적인 숭배를 거부하면서 시작되었다. 이 세 우상은 브로델의 역사학에서 철저하게 파괴되었다. 그러나 브로델 이후 세대에 가서는 세 우상이 다시 부활했으니, 아날학파의 쇠퇴인가, 아날학파의 역사학이 나름대로의 사이클을 완료한 것인가?

페르낭 브로델의 역사학을 아날학파의 역사학의 흐름 내에서나 현대 역사학의 흐름 내에서 자리매김하는 일은 어렵지 않다. 그러나 이러한 사학사적 평가 이상으로 중요한 것은 그의 역사 해석의 타당성 여부를 판단하고 평가하는 일일 것이다. 브로델이 아무리 위대한 역사가라고 해도 그 역시 하나의 해석을 내린 것이니 그 해석의 타당성을 따져볼 필요가 있다. 그러나 솔직히 고백하건대 이 일은 어렵고 나의 능력을 벗어난다. 브로델과 같은 시대, 같은 지역을 연구하는 역사가만이 평가할 수 있을 것이다. 본서에서는 브로델의 역사 세계를 가급적 사실적으로 소개하고 필요한 경우 약간의 해석을 가미하는 정도로 한정할 수밖에 없었다. 결국 모든 역사 지식은 '해석' 이요 논쟁일진대, 더 깊은 역사 지식을 얻고 싶은 독자는 일차적으로는 브로델의 책을 직접 읽어보고, 그런 다음 브로델과 같은 개념을 가지고 출발하여 방대한 비교 분석을 가하고 있는 책을 읽어보는 것이 좋을 것 같다. 월러스틴의 『근대세계체제』 I, II, III권, 안드레 군더 프랑크의 『리오리엔트』를 권하고 싶다.

국내 역사학계는 유행에 민감하다. 사회사 그리고 사회사의 첨병으로서 마르크스주의 역사학과 아날학파의 역사학이 '새로운' 역사학으로 등장했던 때가 불과 10여 년 전인데, 지금은 미시사와 문화사가 유행하고 있다. 연구 주제 가운데 '문화' 라는 단어가 빠지면 구태의연하다는 낙인이 찍힐 정도이다. 미시사는 작은 것을 들여다보고 작은 것에서 교차되는 커다란 흐름들을 파악한다고 하지만, 그 작은 것이라는 것이 대체로 일상적이거나 말초적인 것이어서 중량감이 떨어지고 흥미 위주인 감이 있다. 페르낭 브로델의 거대한 역사와는 분명히 대조적이다. 그런데 유행이라는 것은 변덕스러운 것이어서 최근에는 '세계사'가 국내 역사학자들의 관심을 모으고 있다. 유럽중심주의 시각에서 만들어진 기존의 주류 역사학을 '세계'의 시각에서 공평하고 객관적으로 다시 바라보자는 것이다. 방금 소개한 프랑크는 반유럽중심주의 역사학의 선봉에 선 학자인데, 그는 브로델도 유럽중심주의 역사가로 분류하고 있다. 미시사가들의 극복 대상이었던 브로델이 이제는 반유럽중심주의 역사가들의 비판 대상이 된 것이다. 그러면서 브로델이 지향한 '거대한 역사'와 프랑크가 지향하는 '세계사'는 자연스럽게 합쳐진다. 이렇듯, 페르낭 브로델은 현대 역사학의 흐름에서 중요한 길목을 차지하고 있는 역사가이다. 이제 페르낭 브로델의 역사학 속으로 들어가보자.

2006년 7월
김응종

지중해 · 물질문명과 자본주의
페르낭 브로델

1부

증언들

Fernand
Braudel

페르낭 브로델의 역사학은 산만하다고 말했지만, 사실 브로델의 역사학만 그런 것은 아니다. 역사학은 그럴 수밖에 없다. 역사학은 구체적이고 개별적인 사실들로 이루어지기 때문이다. 사실성이라는 차원에서 역사학은 다른 학문을 능가한다. 역사학이 명쾌한 관념과 멋있는 개념을 멀리하고 대신 구체적인 사실들로 지루하게 채워지는 것은 차라리 역사학의 특징이라고 해야 할 것이다. 그것은 역사학의 부정적인 측면인 것처럼 보이기도 하지만 거짓과 편견과 억측이 난무하는 세상을 살다 보면 '사실들'이 그만큼 더 소중하고 애착이 간다. 자기만의 진실한 지식 세계를 구축하기 위해서, 아니면 최소한 타인의 거짓 세계에 현혹되지 않기 위해서라도, 판단력과 상상력을 발휘하기 전에 확실한 지식을 쌓아갈 필요가 있다. 이러한 점에서는 역사가의 책이 최고이다. 페르낭 브로델이야말로 우리 시대 최고의 역사가로 꼽히는 만큼 그 누구에 앞서 그의 책을 읽을 필요는 충분하다. 옳고 그름의 차이가 없어지고, 사실과 허구가 뒤범벅이 되어 있는 시대에 역사가는 흔들림 없이 '사실'을 향해 나아가야 한다. 포스트모더니즘이라는 지적 유행에 편승하여 사실과 허구의 경계를 허무는 일에 앞장서지 말고 사실과 허구를 분명히 가르는 일을 해야 한다.

브로델 사학의 탄생

아날학파의 '새로운 역사'는 프랑수아 시미앙의 세 우상(偶像)을 거부하면서 시작되었다. 개인 대신 집단을, 연대(年代) 대신 구조를, 정치 대신 사회를 새로운 역사의 성상(聖像)으로 설정한 것이다. 이렇게 시작된 새로운 역사의 모델을 보여준 것이 브로델의 『지중해』이다. 브로델은 구조에서 시작하여 개인으로 나아갔지만, 나는 '개인'에서부터 시작할 것이다. 나의 탐구가 개인에서만 그친다면 그의 비난을 받을지도 모른다. 그러나 나는, 미시사가(微視史家)들의 주장처럼, '개인만'을 바라보는 것이 아니라 '개인에서' 전체를 바라보려고 한다. 브로델 사학을 탐구하려는 마당에 브로델이 어떤 사람인가부터 살펴보는 것은 당연하지 않을까 싶다. 다행히 브로델은 「개인적 증언」(1972)이라는 전기(傳記)적인 글을 발표한 바 있으니, 그의 증언을 들어보자.

페르낭 브로델의 생애

페르낭 브로델은 1902년 프랑스 북동부 뫼즈 도에 있는 조그만 마을에서 태어났다. 브로델의 아버지는 파리에서 교사 생활을 하고 있었는데, 이 마을에 여름휴가를 보내러 왔다가 그를 낳았다. 브로델은 여섯 살 때까지 부모와 떨어져 할머니 댁에서 살았다. 브로델의 어린 시절에 대한 기억은 각별했다. 그가 살던 집은 1806년에 지어진 이래 1970년까지 거의 변하지 않은 소박한 농촌 가옥의 전형이었다. 브로델은 이 시골집을 자주 방문한 것이 역사가로서의 형성에 적지 않은 영향을 주었다고 말한다. 브로델은 농촌의 일상생활을 체험했으며, 나무 이름, 풀이름들을 거의 다 꿰고 있을 정도로 농촌적이었다. 그는 고향에 있는 오래된 물레방아는 자기 조상이 마을 영주를 위해 제작한 것이라고 추정했다.

파리의 볼테르 고등학교 시절, 브로델은 수학 교사인 아버지의 영향을 받은 듯 수학을 잘했다. 월러스틴은 브로델이 계량사의 복잡한 수학 계산을 힘들어하지 않은 이유를 여기에서 찾고 있다. 고등학생 시절 브로델은 역사를 좋아했으며 시를 쓰기도 했다. 그는 장차 의사가 되기를 원했으나 아버지의 반대로 뜻을 이루지 못하고, 소르본 대학에 진학하여 역사를 공부했다. 최고 명문인 에콜 노르말을 나오지 않은 것이다. 브로델에 의하면, 당시 소르본 대학의 역사 강의는 정치와 사건 위주의 전통적인 역사학에 젖어 있었기 때문에 그를 만족시키지 못했다. 사회경제사를 담당했던 앙리 오제, 그리스사를 강의했던 모리스 올로, 지리학자인 알베르 드망종의 강의 정도가 그의 기억에 남는 '다른 목소리'였다. 특히 지리학자의 강의는 인상적이었다. 브로델은 "나의 젊은 시절의 진정한 스승은 지리학자였다"고 술회한다. 비달 드 라 블라쉬에게서 시작된 인문지리학에 심취했으며, 이러한 지리학의 영향은 브로델을 위시한 프랑스 역사학자들에게 강하게 각인되어 있다.

브로델은 역사교사 자격시험(agrégation)에 합격한 21세부터 1932년까지 알제리의 수도 알제의 콩스탕틴 고등학교와 알제 고등학교에서 역사를 가르쳤다. 젊은 역사가는 다른 전통적인 역사가들과 마찬가지로 정치, 사건, 위인 중심의 역사를 가르치며 즐거워했다. 1925년부터 이듬해까지는 장교로 군 복무를 하며 라인 지방을 여행했다. 고향과 지리적으로 가까운 독일을 이해하는 기회였으나 민족주의적인 분위기에 환멸을 느끼기도 했다. 아프리카 체류 시에는 북아프리카 국가들을 여행했으며 사하라사막에 매료되었다. 역사교사 자격시험 성적이 저조하여 알제리로 밀려난 것이지만, 아프리카 체류는 그에게 지중해를 '아래에서 위로' 바라볼 수 있는 기회를 제공했으며, 그의 역사 사상 형성에 커다란 영향을 주었다. 역사가로서의 소명은 이렇게 뒤늦게 찾아왔다.

중요한 것은 박사 학위 논문이었다. 그는 학위 논문 주제로 처음에는 독일사를 고려했다. 그러나 프랑스 동부 출신으로서의 감정 때문에 편견을 가지게 될 것을 염려하여 스페인사로 방향을 바꾸었다. 1927년 여름방학부터 스페인의 시망카스에 있는 고문서 보관소에서 자료 조사에 착수했다. 브로델은『펠리페 2세와 프랑쉬 콩테』라는 책을 낸 바 있는 뤼시앵 페브르에게 편지를 보내 조언을 부탁했다. 뤼시앵 페브르는 "펠리페 2세보다는 지중해에 대해 아는 것이 더 흥미로울 것"이라는 내용의 답장을 브로델에게 보내왔다. '인물'에서 '세계'로 시야를 넓힐 것을 주문한 것이다. '거대한 역사'가 열리는 순간이다. 1930년 알제에서 열린 역사학 대회에서 브로델은 자신의 첫 논문인「스페인 사람들과 북아프리카」를 발표했으며, 이 자리에서 앙리 베르를 만났다. 앙리 베르는 1900년에『역사종합잡지』를 창간했으며, 뤼시앵 페브르와 마르크 블로크가 1929년에 창간한『경제 사회사 아날 *Annales d'Histoire économique et sociale*』[1]의 새로운 역사 운동에 큰 영향을 준 철학자이다. 1931년 브로

뤼시앵 페브르(좌)와
마르크 블로크(우)

델은 앙리 피렌의 "이슬람의 침입 이후 지중해"에 대한 강연을 들었다. 후일 『마호메트와 샤를마뉴』라는 책으로 발표된 이 강연은 브로델에게 커다란 충격으로 다가왔다. 제1차 세계대전 중에 독일군의 포로가 되었던 피렌과 제2차 세계대전 중에 독일군의 포로가 되었던 브로델, 『마호메트와 샤를마뉴』의 피렌과 『지중해』의 브로델은 비슷한 부분이 많다. 브로델은 주제를 확정하지 않은 채 자료 수집을 하던 상태에서 주제를 결정했는데, 페브르의 조언과 피렌의 영향을 받아 펠리페 2세가 아니라 지중해를 주인공으로 설정했다. 동료들은 이러한 야심적인 주제로는 논문을 쓰기 힘들다며 만류했다. 브로델은 고문서 보관소에서 제후들, 재정, 군대, 토지, 농민들에 대한 일반적인 자료들을 수집하던 중, 1934년 두브로브니크에서 선박, 선하증권, 교역 상품, 보험률, 상거래 등에 대한 놀라운 자료를 발견했다. 브로델의 표현을 따르면, "처음으로 지중해를 바라보았다." 브로델은 엄청나게 많은 자료를 필름에 담았다. 그는 마이크로필름을 활용한 최초의 역사가이다.

브로델은 콩스탕틴 고등학교 재직 시 제자였던 폴 프라델과 1933년에 결혼했다. 1934부터 1년간 소르본 대학에서 강의를 했으며, 1935년부터 3년간은 브라질의 상파울루 대학에서 문명사를 강의했다. 우연히 찾아온 기회였으며, 알제리의 경우와 마찬가지로 그에게 역사 인식의 폭을 넓혀준 좋은 시간들이었다. 브라질에서 무려 수 킬로미터에 달하는 마이크로필름을 읽었고, 여름 방학에는 지중해를 답사했다. 브로델은 1937년 10월 브라질을 떠나 귀국할 때 선상에서 페브르를 만나 20여 일을 함께 보냈다. 그 후 두 사람의 관계에 대해 브로델은 이렇게 회고한다. "그때 나는 그의 동료 이상이 되었다. 아들과 같은 존재가 되었다. 쥐라 산맥 기슭의 수제에 있는 그의 집은 나의 집이 되었으며, 그의 아이들은 나의 아이들이 되었다."

이제 박해(迫害)의 시간은 사라졌다. 1937년에 고등학문연구원(Ecole Pratique des Hautes Etudes)의 제4부인 역사문헌학부에 임용되면서 브로델은 파리로 진입했다. 1939년 여름, 수제에 있는 뤼시앵 페브르의 집에서 박사 학위 논문 작성에 들어갔다. 그러나 전쟁이 발발하여 라인 전선에 투입되었다가 1940년부터 1945년까지 독일군 포로수용소에 수감되었다. 포로수용소에서의 생활은 특이했다. 승전국 독일과 패전국 프랑스는 동맹 관계를 맺었기 때문에 전쟁 포로들의 생활이 그렇게 가혹하지는 않았다. 그들은 '인질'로서 독일에 수감되었을 뿐이었다. 마인츠의 포로수용소에 대학이 만들어지고 브로델은 학장이 되었다. 브로델의 강의실은 포로 학생들로 만원을 이루었으며, 브로델은 10여 명의 논문 지도를 하기도 했다. 브로델은 인근 마인츠 대학의 도서관을 통해 엄청나게 많은 독일어 서적을 읽었다. 어떤 때는 아침 5시부터 저녁 10시까지 책을 읽었다고 하니, 그야말로 감옥이 아니라 학교였던 셈이다. 마인츠에서 포로들은 드골파와 반드골파로 분열되었는데, 드골파였던 브로델은 "독일의 적"으로 분류되어 뤼벡으로 이송되었다.

그러나 감옥은 감옥이었다. 자유가 없었기 때문이다. 어떻게 견뎌낼 것인가? 전쟁 포로라는 현실은 가변적이고 표면적인 '사건'일 뿐이며 역사와 운명은 깊은 차원에서 씌어진다는 확신이 힘든 감옥 생활을 견딜 수 있게 해주었다. 후일 브로델은 "감옥은 인내와 관용을 가르쳐준 좋은 학교였다"고 회고한다. 고통과 절망의 시간을 벗어날 수 있는 길은 다른 현실, 다른 세계, 다른 시간으로 피신하는 것이었다. 브로델에게 그것은 '지중해'였다. 동고트 왕국의 감옥에 갇혀 있던 보에티우스가 철학에서 위안을 찾았듯이, 브로델은 역사에서 위안을 찾았다. 브로델은 감옥에서 작성한 논문의 초고를 뤼시앵 페브르에게 보냈으며, 페브르는 그의 글을 읽고 논평과 함께 필요한 책을 보내주었다. 논문은 이런 식으로 작성되었다. 전쟁 포로가 쓴 책이 감옥의 분위기를 담고 있는 것은 당연할 것이다. 피렌체에서 한 이탈리아의 철학자는 "당신은 그 책을 감옥에서 썼나요? 그 책이 하나의 명상 서적처럼 나에게 충격을 준 것은 그 때문이군요"라고 말했다. 브로델은 "포로가 되지 않았더라면 전혀 다른 책을 썼을 것"이라고 회고한다.

해방 후 브로델의 소르본 대학 강의는 학생들을 매료시켰다. 브로델의 강의는 전통적인 강의와 전혀 달랐다. 당시 학생이었던 피에르 쇼뉘는 다음과 같이 증언한다.

나는 브로델의 강의를 들었고, 다른 사람들의 강의는 더 이상 존재하지 않는다고 생각했다. 모든 것이 나를 매혹했다. 나는 15분 만에 정복되었다. 그가 이야기하는 방식, 그가 말하는 것은 내가 원했던 바로 그것이었다. 그는 공간에 대해 말했고 나는 공간을 보았다. 환상적이었다.[2]

당시 학생이었던 프레데릭 모로, 마르크 페로, 자크 르 고프 등도 모두 동일한 증언을 하고 있다. 1985년 샤토발롱 학술제에서 브로델은 그 시절을 회상하며 "나는 엄청난 성공을 거둔 것이 아니라 대단히 엄청난 성공을 거두었다"고 말했다. 그러나 브로델은 소르본 대학의 전임교수가 되는 꿈을 이루지는 못했다.

브로델은 1947년 박사 학위 논문을 제출했으며, 1949년에 책으로 출판했다. 1952년, 페브르는 자기가 편집 책임을 맡고 있던 "세계의 운명" 시리즈 가운데 "산업화 이전의 유럽 경제사"를 집필해줄 것을 브로델에게 위촉했다. 이 작업은 그로부터 27년이 지난 1979년에 『15세기에서 18세기까지의 물질문명·경제·자본주의』라는 제목으로 완결되었다. 브로델 역사학의 기본 골격인 삼층 구조는 미완성 유작인 『프랑스의 정체성(正體性)』에 다시 나타난다. 이 책은 『프랑스의 탄생』 『프랑스의 운명』과 함께 3부작으로 구상되었다. 『프랑스의 정체성』은 제1부 "공간과 역사", 제2부 "인간과 사물", 제3부 "국가, 문화, 사회", 제4부 "프랑스 밖의 프랑스"로 구상되었는데, 실제로 출판된 것은 제1부와 제2부뿐이다. 이러한 구상은 그 자체만으로도 브로델의 '프랑스사'가 전통적인 연대기적인 프랑스사와 판이하게 다르다는 점을 알려준다. 제1부 "공간과 역사"는 그야말로 지리학과 역사학의 종합이다.

이렇게 브로델은 『지중해』 『물질문명과 자본주의』 『프랑스의 정체성』이라는 대작을 통해 지리적 역사라는 프랑스 특유의 역사를 발전시켰으며, 구조사와 전체사라는 새로운 역사의 모범을 보여주었다. 제도적인 차원에서도 브로델의 활동은 활발했다. 1947년 페브르를 도와 고등학문연구원의 제6부 (1975년에 그 유명한 사회과학고등연구원으로 개편되며 학위 수여권을 획득한다)를 창설했으며, 페브르로부터 『아날』, 콜레주 드 프랑스, 고등학문연구원 6부 등을 물려받았다. 명실상부한 페브르의 후계자가 된 것이다. 1962년에는 인간학연구원 (Maison des Sciences de l' Homme)을 창설했다. 1968년 "문화혁명" 이후, 브로델은 자크 르 고프, 엠마뉘엘 르 루아 라뒤리, 마르크 페로 같은 아날학파의 제3세대에게 『아날』의 편집을 물려주면서 아날학파의 주요 기관들을 떠났지만 역

페르낭 브로델.

사를 위한 열정은 조금도 식지 않았다. 『물질문명과 자본주의』 『프랑스의 정체성』 같은 책의 출판이 이를 증명한다. 1984년 아카데미 프랑세즈는 브로델을 회원으로 영입했다. 1985년 10월에는 샤토발롱에서 그의 학문적 업적을 기리는 사흘간의 학술제가 성대하게

거행되었으며, 이러한 영예를 지니고 그해 11월 그는 인간세계를 영원히 떠났다. 이날 프랑스의 유력 일간지들은 일제히 장문의 추도사를 썼다. 그러나 브로델의 학문적 권위는 생전에 이미 확고했다. 역사가들은 만일 노벨 역사학상이라는 것이 있다면 그 최초의 수상자는 페르낭 브로델이라는 데 이견이 없었으며, "역사학의 교황"이라는 칭호를 부여하는 데 망설이지 않았다.

브로델이 보여준 역사는, 구조라는 감옥에 갇혀 있는 인간의 역사였다. 인간은 수인(囚人)의 모습을 하고 있다. 브로델을 사로잡고 있던 문제는 자유와 구조, 즉 인간의 자유와 인간의 자유를 억압하는 구조 사이의 갈등의 문제였다. 전통적인 역사에 비해 브로델 사학에서 인간의 비중과 역할은 현저히 축소되었다. 그러나 인간이 부재(不在)하는 것은 아니며, 그러므로 혹자가 평하듯이 반(反)역사는 아니다. 그렇게 보는 것은 구조주의 논리만을 가지고 브로델의 역사학을 잘못 이해한 것이다. 브로델은 『지중해』서문에서 "자신의 의무와 자신의 커다란 힘을 인식하는 야심적인 역사가 없다면, 이 1946년에, 휴머니즘이 있을 수 있을까" 하고 자문했다. 그 나름대로 휴머니즘을 표현한 것이다. 그러나 후계자들은 브로델의 역사학을 계승하지 않았다. 그들은 스승과는 다른 방면에서 새로운 역사를 추구했다.

전체사의 모험

브로델의 역사학이 시공간적으로 거대하다는 점에서 '전체사'라는 명칭은 그의 역사학을 잘 규정하는 표현이다. 『지중해』의 서문에서 브로델은 다음과 같이 삼층 구조에 대해 설명한다.

이 책은 세 부분으로 나뉘는데 각각은 그 자체로 전체적인 설명을 시도한다.

제1부는 거의 움직이지 않는 역사, 즉 인간을 에워싸고 있는 주위 환경과의 관계 속에 있는 인간의 역사를 다룬다. 서서히 흘러가고 서서히 자신을 변화시키며 자주 완강히 되돌아가기를 고집하는가 하면 끊임없이 다시 시작하는 주기(週期)들로 이루어진 역사이다. 나는 거의 시간 밖에 위치하며 생명이 없는 사물들과 접하고 있는 이러한 역사를 도외시하고 싶지 않았으며, 또한 이와 관련, 많은 책들의 서두에 불필요하게 위치한 역사학에 대한 전통적인 형태 ─ 예컨대 광산들, 경작지들, 꽃들을 급하게 제시한 후 그 다음에는 마치 꽃들은 봄마다 다시 피지 않았다는 듯이, 마치 가축들은 그들의 이동을 멈추기라도 했다는 듯이, 마치 선박들은 철마다 변하는 실제의 바다 위를 항해할 필요가 없었다는 듯이 더 이상 문제 삼지 않는 ─ 의 지리적 서론에 대해서도 만족하지 않았다.

이 움직이지 않는 역사 위로 완만한 리듬을 가진 역사가 식별된다. 만일 그의 완전한 의미를 벗어나지 않는 표현을 사용한다면 '사회사', 집단들과 집단 형성의 역사라고 말할 수 있을 것이다. 이 해저(海底)의 흐름이 지중해 세계에서의 삶 전체를 어떻게 들어 올리고 있는가, 이것이 바로 내가 경제들, 국가들, 사회들, 문명들을 연속적으로 연구하면서, 마지막으로 역사에 대한 나의 인식을 더욱 분명하게 하기 위하여 이러한 심층의 힘들이 전쟁이라고 하는 복합적인 영역에서 어떻게 움직이는가를 보여주려고 시도하면서, 내 책의 제2부에서 제기한 문제이다. 왜냐하면 우리가 알다시피 전쟁은 순전히 개인만이 책임지는 영역이 아니기 때문이다.

마지막으로 제3부는 전통적인 역사, 달리 말하면 인간의 차원이 아니라 개인의 차원의 역사, 폴 라콩브와 프랑수아 시미앙이 비판한 사건사(事件史)*이다. 표면의 출렁거림, 조수(潮水)가 그 강력한 움직임으로 들어 올리는 파도들. 짧고 급하며 신경질적인 진동을 가진 역사. 발을 조금만 내디뎌도 모든 측정 계기에 비상이 걸릴 정도로, 정의를 내리자면 극도로 민감한 역사이다. 그러나 그 자체로서 모든 역사 가운데 가장 정열적이고 가장 인간성이 풍부하지만 동시에 가장 위험하다. 그 당시의 사람들이 우리

※ 이하 용어 설명은 *로 표시합니다.

의 삶처럼 짧은 자신들의 삶의 리듬에 따라 느끼고 묘사하고 체험했던 바의 그 아직도 불타고 있는 이러한 역사를 경계하자.

브로델은 제1부와 제2부와는 달리 제3부의 전통적인 역사에 대해서는 상당히 긴 비판을 덧붙이고 나서 이렇게 마무리한다. "위험한 세계, 그러나 우리는 대체로 침묵하고 있으며 긴 시간대를 표용함으로써만 의미가 드러나는 물밑의 거대한 흐름을 사전에 포착함으로써 요술과 마법의 주문(呪文)을 피할 수 있을 것이다. 떠들썩한 사건들은 많은 경우 순간들, 다시 말해서 이 커다란 운명의 겉모습들에 불과하며, 바로 이것에 의해서만 설명된다."

본문에서는 이러한 '사건'을 '먼지'에 비유한다. 이렇듯 서문에서부터 브로델의 역사 사상은 분명하다. '사건'은 '겉모습'에 불과하니, 역사가들은 당연히 구조를 파악해야 한다는 것이다. 그러니 우리가 제기할 수 있는 문제가 뚜렷해진다. 과연 사건은 겉모습이요 먼지에 불과한가? 그림자 정도인가? 인간은 구조라는 감옥에 갇혀 있는 수동적인 존재인가? 인간이 무기력한 존재라면, 구조에서 구조로의 변동을 일으키는 힘은 어디에서 나오는가?

『물질문명과 자본주의』의 머리말에서, 브로델은 15세기에서 18세기까지의 경제 현실에 대한 베르너 좀바르트나 요제프 쿨리셔 같은 경제사가들 또는 경제학자들의 전통적인 도식들이 자기가 관찰한 경제 현실과 잘 맞지 않아서 무척 당황했다고 말한다. 이들의 연구에 의하면, 전(前)산업화 시기 유럽의 발전은 시장, 기업, 자본주의적 투자라는 '합리성'이 점진적으로 확대되면서 최종적으로 산업혁명으로 만개하는 과정이다. 그러나 역사가 그렇게 투명한가? 브로델은 단순한 '진화론'에 반대하면서 경제를 '물질문명-시장경제-자본주의'의 삼층 구조로 나누어 관찰한다.

실제로 19세기 이전에 관찰 가능한 현실은 훨씬 더 복잡하다. 물론 우리는 그 진화 과정을 추적해갈 수 있다. 그런데 여기에서의 진화 과정이란 하나라기보다는 차라리 서로 대립되고 어깨를 겨루며 심지어 서로 상반되기까지 하는 여러 개의 진화 과정들을 말한다. 그것은 하나가 아니라 여러 개의 경제가 있음을 인식하는 것과 같다. 그중 무엇보다도 사람들이 묘사하기 좋아하는 것은 시장경제이다. 그것은 농업 활동, 노점, 수공업 작업장, 상점, 증권거래소, 은행, 정기 시장, 그리고 물론 시장에 연결된 생산과 교환의 메커니즘들을 뜻한다. 경제학은 바로 이러한 명료한, 심지어 '투명한' 현실에 대해서, 그리고 그 속에서 활발히 움직여 나가고 또 그렇기 때문에 파악하기 쉬운 과정들에 대해서 먼저 연구하기 시작했다. 즉, 경제학은 처음부터 다른 것들을 사상(捨象)한 채, 이런 특권적인 분야만 골라서 보았던 것이다.

그러나 다른 한편에는 불투명한 영역, 흔히 기록이 불충분하여 관찰하기 힘든 영역이 시장 밑에 펼쳐져 있다. 그것은 어느 곳에서나 볼 수 있고 어마어마한 규모로 존재하는 기본 활동의 영역이다. 지표면에 자리 잡고 있는 이 폭넓은 영역을 나는, 더 알맞은 이름이 없어서 '물질생활' 혹은 '물질문명'이라고 명명했다. 확실히 이 표현은 너무 모호하다. 그러나 현재를 보는 시각이 일부 경제학자들 사이에서 공유되는 것처럼 과거를 보는 나의 시각이 공유된다면 언젠가는 이 하부경제를, 즉 경제활동이 덜 형식적이며 자급자족적이거나 아주 좁은 범위 내에서 재화와 용역을 물물교환하는 또 다른 절반을 가리키는 데 더 적절한 명칭을 발견하게 되리라.

또 다른 한편으로, 시장이라는 광범한 층의 밑이 아니라 그 위로 활동적인 사회적 위계(位階)가 높이 발달해 있다. 이러한 위계조직은 자신에게 유리하게 교환 과정을 왜곡시키며 기존 질서를 교란시킨다. 원하든, 아니면 의식적으로 원하지 않든 간에 그것은 비정상과 '소란스러움'을 만들어내며 아주 독특한 방식으로 자신의 일을 수행한다. 18세기의 암스테르담 상인이나 16세기의 제노바 상인은 이처럼 상층에 자리 잡고서 원거리로부터 유럽 경제나 세계 경제의 전 분야를 뒤흔들 수 있었다. 그리하여 이 특권적인 주인공 집단은 일반인이 알지 못하는 유통과 계산을 수행했다. 예를 들면 환업무는 원거리 무역과 신용 수단의 복잡한 운용과 연결되어 있어서 기껏해야 일부 특권적인 사람에게만 개방된 정교한 기술이었다. 시장경제의 투명성 위에 위치하면서 그 시장경제에 대해서 일종의 상방 한계를 이루는 이 두 번째의 불투명한 영역은 나에게는 특히 다름 아닌 자본주의의 영역이었다. 시장경제 없이 자본주의는 생각할 수 없다. 자본주의는 시장경제에 자리 잡고 그곳에서 번영한다.

브로델은 이러한 삼분법적 도식 위에서 오로지 "구체적인 관찰과 비교사의 방법"으로 전산업화 시대의 세계경제사를 썼다고 말한다. 이 삼분법적 도식의 특징은 시장경제와 자본주의를 대립적으로 구분한 것이다. 시장경제는 경쟁을 추구하지만 자본주의는 독점을 추구한다. 자본주의는 시장경제에서 나오지만 시장경제를 교란시키는 반(反)시장경제이다. 그러나 자본주의는 시장경제 없이 존재할 수 없다. 이러한 삼분법적 구조로부터 곧바로 문제가 제기될 수 있다. 시장경제와 자본주의가 분명하게 구분될 수 있는가? 자본주의의 본질은? 자본주의의 미래는?

타자의 시각

　『지중해』와 『물질문명과 자본주의』를 읽기 전에 이들 책에서 제기된 논점들과 전문가들의 평가를 살펴보는 것이 좋을 것 같다. 여기에 '나'를 끼워 넣은 것은 개인적인 체험을 기술하는 것이 좋겠다는 출판사 편집부의 요구 때문이다. 사실 나는 웬만해선 '지적 충격'을 받지 않는 성격이기 때문에, 더 솔직하게 말하면 역사학적이나 역사인식적인 차원에서 필생의 '문제'를 가지고 고민하지 않기 때문에, 페르낭 브로델에 대해서도 별로 기억할 만한 것이 없다. 해독하느라 쩔쩔맸던 기억 정도이다. 여기의 '고백'은 힘들었던 시절을 회상하며(즐거운 시간이다) 브로델 인식을 새롭게 정리해보는 정도인데, 저자를 이해한다는 차원에서 읽어주면 될 것 같다.

나의 페르낭 브로델 읽기

돌이켜보면 유감스러운 일이지만, 나는 페르낭 브로델을 직접 만나 그의 이야기를 들어보지는 못했다. 시기적으로 불가능했기 때문은 아니다. 내가 프랑스에서 공부하고 있을 무렵 브로델은 인간학연구원 원장으로 있었고, 1985년 10월 18일에서 20일까지 프랑스 남부의 샤토발롱에서는 '페르낭 브로델 학술제'가 열렸기 때문에 그를 직접 만나볼 기회는 얼마든지 있었다. 마침 당시 나는 뤼시앵 페브르와 아날학파에 대한 박사 학위 논문을 준비하고 있었으니, 페브르의 후계자인 브로델을 만나 페브르에 대한 증언도 듣고 또 그의 역사학과 아날학파에 대해 질문도 하는 등 인터뷰를 할 필요가 있었다. 그것이 바로 '구술사(口述史)'가 아닌가? 그러나 그 무렵 나는 DEA 논문을 마무리하고 있던 터라 브로델을 만날 시간을 내기가 어려웠다. 사실 엄두도 나지 않았다. 질문표가 준비되어 있지 않았던 것이다. 브로델은 나 같은 '학생'에게는 너무나 높은 학자였다.

브로델을 대면할 기회를 잡지는 못했지만 책을 통해서 그를 만날 수는 있었다. 그러나 솔직히 고백하건대 『지중해』와 『물질문명과 자본주의』를 읽는 것은 양적으로나 질적으로나 너무 힘든 일이었다. 그 무렵에 나는 브로델의 주요 논문들이 수록된 『역사학 논고』(1969)를 통해서 브로델 사학의 이론적

골격만을 파악하는 정도였다. 이 책에 수록된 논문들 가운데 1958년에 『아날』에 실린 「역사와 사회과학: 장기지속」은 브로델 사학의 핵심 개념인 '장기지속'에 대한 유명한 논문이니만치 잠깐 이 논문을 살펴보는 것이 좋을 듯하다. 이 논문은 『지중해』에서 시도된 '장기지속적인 역사'에 대한 역사가 자신의 부연 설명이기 때문에 『지중해』를 이해하는 데도 필수적인 논문이다.

이 논문에서 브로델은 1958년 당시 역사학과 사회과학의 경향을 진단한다. 지난 시대의 전통적인 역사학은 개인과 사건에 초점을 맞추는 '사건사'이며, 아직도 상당수의 역사학자는 여기에서 벗어나지 못하고 있다. 새롭게 부상하고 있는 사회경제사는 주기적인 변동에 관심을 가지기에, 사건사보다 긴 시간 지속, 다시 말하면 '콩종튀르'[3]를 관찰한다. 이 두 종류의 역사 서술 너머에는 세기(世紀) 단위의 '장기지속적인' 역사가 있다. 안타깝게도 콩종튀르사(史)는 장기지속으로 향하지 않고 오히려 단기지속으로 퇴행하는 경향을 보이고 있다고 진단한 후, 브로델은 장기지속적인 '구조'에 대해 설명한다.

> 좋건 나쁘건 이 낱말은 장기지속의 문제들을 지배한다. 사회적인 것을 관찰하는 사람들이 쓰는 구조라는 말은 현실과 사회 집

단들 사이에 맺어진 어느 정도 고정적인 관계들의 조직, 일관성을 뜻한다. 우리 역사학자에게 구조란 조립이요 건축물을 뜻하면서도 무엇보다 시간이 쉽사리 마모시키지 못하며 아주 느리게 운반하는 하나의 현실을 가리킨다. 어떤 구조들은 오랫동안 살면서 무수히 많은 세대의 고정적인 요소가 된다. 그러한 구조들은 역사의 길을 막아 역사의 흐름을 방해하고 그럼으로써 지배한다. 그런가 하면 다른 구조들은 빨리 소멸된다. 그러나 모든 구조는 받침대이자 동시에 장애물이다. 장애물로서의 구조는 인간과 인간의 경험이 좀처럼 벗어날 수 없는 한계(수학적으로는 포락선)를 이룬다. 예컨대 지리적 틀이라든가 생물학적 현실, 생산성의 한계, 심지어 여러 가지 정신적 제약(심성(心性)의 틀 또한 장기지속적인 감옥이다) 등을 깨뜨리기가 얼마나 어려운지 생각해보라.

구조를 시간 지속과 관련시키는 브로델 특유의 개념이 들어 있는 아주 유명한 구절이다. 구조는 그 어원대로 건축의 골격을 뜻하며, 이런 의미에서 받침대이다. 그러나 구조는 역사가에게는 특히 시간이 지나도 변함없이 오래 '장기적으로' 지속되는 것이다. 브로델적 구조의 또 다른 의미는, 그것이 인간의 자유와 창조력을 억압하는 장애물이라는 것이다. 인간은 구조를 벗어나서 살 수 없다. 구조는, 브로델의 유명한 표현을 빌리면, "감옥"이고, 인간은 이 감옥 안에 있는 "수인"이다. 구조에는 어떠한 것들이 있을까? 지리적인 구조가 브로델의 상징이지만, 그가 지리적인 구조만 말한 것은 아니다. 위의 인용문에도 분명히 나와 있듯이, 지리적 구조 외에도 생물학적 구조, 경제적인 구조, 정신적인 구조 등 모든 분야에 구조가 있다. 구체적으로 뤼시앵 페브르가 『16세기의 무신앙 문제. 라블레의 종교』(1942)에서 관찰한 것은, 라블레 같은 최고 지식인이라도 무신론자가 될 수 없도록 만든 시대의 '정신적 구조'였으며, 알퐁스 뒤프롱이 관찰한 것은 십자군 원정이 끝난 이후에도 오랫동안 지속된 '십자군 관념'이었다. 그리고 브로델이 장차 『물질문명과 자본주의』에서 관찰할 15세기에서 18세기까지의 '상업자본주의' 역시 하나의 구조였다. 그러나 브로델이 가장 주목하고 있던 것은 지리적 구조였다. 계속 그의 말을 들어보자. 이 구절은 『지중해』에서 말한 바로 그 구조와 동일하다.

가장 쉽게 찾아볼 수 있는 예는 지리적 제약인 것 같다. 인간은 여러 세기에 걸쳐 기후, 식물군, 동물군, 경작물, 서서히 구축된 어떤 균형 상태에 갇혀 있는 수인(囚人)이며, 모든 것을 교란시키지 않고서는 이에서 벗어날 수 없다. 산악 지방 사람들에게 이동 목축이 차지하는 자리를, 그리고 해안선의 굴곡에서 가장

유리한 지점에 자리 잡은 해안 지방 사람들의 생활에서 몇몇 부
문이 차지하는 지속성을 보라. 또한 도시의 변함없는 입지와 도
로 및 교역망의 지속성을, 문명의 지리적인 틀의 놀라운 고정성
등을 보라.

브로델은 역사학은 장기지속, 즉 구조에 관심을 기울여야
한다고 강조한다. 그러면 인간과학의 또 다른 축인 사회과학
은 어떠한가? 브로델은 사회과학은 시간 지속에 전혀 관심을
가지지 않고 오직 현재만을 관찰하거나, 아니면 시간을 초월
한 초장기적인 구조에 관심을 가진다고 비판한다. 여기에서
브로델이 겨냥하고 있는 것은 '여자의 교환'이니 '근친혼의
금기'니 '날것과 익힌 것'이니 하는 레비스트로스의 인류학
모델들이다. 인류학자는 이러한 것들이 시간을 초월한 것처
럼 말하고 있지만, 시간 지속의 지배를 받지 않는 '모델' '법
칙'은 없다. 브로델의 비유를 빌리면, 그러한 선박들은 역사
의 바다를 항해할 수 없다. 브로델이 전통적인 역사학에 대해
비판한 것은 단기적인 시간 속에 매몰된다는 것이며, 사회과
학에 대해 비판한 것은 비시간적이라는 것이었다. '장기지
속'은 단기적인 시간과 초장기적인 시간 사이에 있는 시간이
다. 브로델의 소박한 구분에 의하면, 그것은 '거의' 변하지 않
는 것이지 전혀 변하지 않는 것은 아니다. 이렇게 볼 때, '장

기지속'은 사회과학을 역사학의 품으로 끌어들이려는 통합의 가치요 '공통언어'이다. 레비스트로스 인류학의 학문적 '제국주의'를 견제하면서 역사학의 제국주의를 제창하는 선언문으로도 볼 수 있을 것이다.

내가 브로델을 만나는 데 이용한 또 다른 통로는 페브르였다. 당시 나는 페브르의 역사학에 대해 공부하고 있었기 때문에 그를 통해서 그의 후계자를 바라보고, 다시 그의 후계자를 통해서 그를 바라보는 왕복 운동은 당연한 것이었다. 페브르는 브로델이 "펠리페 2세의 지중해 정책"이라는 주제로 박사학위 논문을 준비하고 있을 때, 펠리페 2세가 아니라 지중해로 중심인물을 바꿀 것을 권한 적이 있다. 페브르는 자신의 "경솔한 조언"의 결과로 탄생한 『지중해』를 보고 감격했다. 1950년에 아마도 의도적으로 『아날』의 적대적 동반자인 『역사학보 Revue historique』에 게재한 서평에서 스승은 다음과 같이 극찬한다.

> 20년 전부터 『아날』을 통해 전투를 벌여온 우리가 (중략) 우리의 생각이 구체화되고 그토록 권위를 가지고 또 그토록 유연성을 가지고 우리가 기쁜 마음을 가지고 불러내는 역사의 이미지가 실현된 것을 보는 것은 기쁘고 즐거운 일이다. 역사 그 자체를 위해서 이것은 커다란 진보요 유용한 혁신이다. 새로운 시대의

새벽임을 나는 확신한다. 특히 젊은이들에게 말하고 싶다, 이 멋진 책을 읽고 또 읽고 깊이 생각해보라고. 오랫동안 그것을 동반자로 삼으라고.

페브르에게 『지중해』는 아날학파가 지향한 '새로운 역사'의 결실이자 모델이었다. 페브르의 기대는 어긋나지 않았다. 브로델이 『지중해』의 재판을 준비할 무렵, 당시의 젊은 역사가들은 이 책은 이미 고전이 되었기 때문에 한 글자도 바꾸지 말라고 그에게 권할 정도였다. 그렇지만 나는 이러한 대화를 이해할 수 없었다. 물론 브로델의 역사 세계를 이해하기에는 나의 지식이 부족하기도 했지만, 내가 읽어본 『지중해』는 독특한 구조를 가진 문제작이긴 하지만 정교한 책은 아니기 때문이었다. 나의 이러한 인상주의적인 판단을 확고히 해준 것이 헥스터(J. H. Hexter)의 논문(「페르낭 브로델과 브로델의 세계……」)이었다.

『지중해』의 영어판(1972)을 기념하여 기획된 이 논문은 유머러스하면서도 비판적이다. 브로델을 흉내 내어 논문을 구조-콩종튀르-사건으로 나누어 전개한 것부터가 도전적이다. 아날학파가 성공을 거둔 구조적인 이유는 무엇인가? 미국에도 브로델 못지않은 훌륭한 역사가들이 많은데도 불구하고 미국이 아니라 프랑스에서 새로운 역사학이 성공한 이유는 무엇인가? 헥스터는 다른 이유가 아니라 프랑스 학계의 인적·지리적 중앙 집중을 꼽는다. 콩종튀르 차원에서 헥스터는, 브로델이 지향한 전체사와 문제사는 양립하기 어렵다는 점을 지적한다. 『지중해』에는 아무런 문제가 제기되지 않았기에 아날학파 특히 페브르가 제시한 문제사와는 거리가 멀고, 그렇다고 전체사로 평가받기에도 너무나 틈이 많다는 것이다. 결국 『지중해』는 문제사로서도 전체사로서도 성공하지 못한, 가르강튀아적인 산만한 책에 불과하다는 이야기이다. 나는 앞에서도 말했듯이 문제사 부분에 대해서는 헥스터의 평가에 동의하지 않는다. 브로델이 야심적으로 제시한 역사방법론인 구조-콩종튀르-사건의 삼층 구조가 제대로 연동되지 않음을 지적하는 부분에 대해서는 그 나름대로 가설도 제시한다. 정치를 다룬 제3부는 브로델이 독일군 포로 수용소에서 『지중해』를 집필하기 전에 이미 완성된 것이기 때문에 그렇다는 것이다. 가설의 옳고 그름을 떠나서 그럴 정도로 연동성과 체계성이 떨어진다는 비판이다. 미국의 역사가들, 예컨대 스튜어트 휴즈, 펠릭스 길버트, 버나드 베일린은 대체로 헥스터의 비판에 동조했다. 한마디로 『지중해』는 거대하지만 뒤죽박죽(sprawl)이라는 것이다.

박사 학위 논문인 「뤼시앵 페브르와 역사」를 제출할 당시 나의 브로델 인식은 대체로 이러했다. 페브르의 이야기보다는 헥스터의 이야기가 더 그럴듯했다. 아마도 비판적인 평가가 어설프나마 지적 허영심을 충족시켜주는 것이기에 그러했던 것 같다. 어쨌거나 아무리 논문의 중심인물이 브로델이 아니라 페브르였다 해도 브로델에 대한 불충분한 독서에 토대를 둔 평가였다는 부끄러움은 감출 수 없었다. 그러던 중 대우재단의 지원을 받아 『아날학파』(1991)를 기술할 때 브로델을 꼼꼼하게 읽어볼 수 있었다. 그렇게 1990년대 후반에는 브로델을 읽을 기회가 많았다. 한 출판사의 권유로 『지중해』 번역에 착수했지만 참으로 아쉽게도 이 작업은 결실을 보지 못한 채 중단되고 말았다. 그 아쉬움의 일부는 한국서양사학회에서 "근대세계체제의 역사적 이해"라는 주제로 개최한 학술대회(1996)에서 「브로델의 지리적 역사 ― 장기지속과 변화」를 발표하는 것으로 해소할 수 있었다. 그 다음 해에는 『창작과비평』을 위해 「물질문명·시장경제·자본주의」라는 제목의 꽤 긴 서평을 준비하면서 『물질문명과 자본주의』를 상세히 읽어보았다. 2001년에 펴낸 『아날학파의 역사세계』는 브로델의 역사학을 침착하게 정리할 수 있는 기회였다. 이 책은 원래는 『아날학파』의 개정판으로 시작되었지만, 『아날학파』에서 소홀히 다루었던 브로델 이후의 제3세대에 초점을 맞추다 보니 전혀 별개의 책이 되고 말았다. 이렇게 해서 나는 '브로델 이전 세대' - '브로델' - '브로델 이후 세대' 로 옮겨가면서 초점을 달리하여 브로델의 역사 세계를 조명해본 셈이다. 이 자리는 브로델의 세 이미지를 종합해보는 자리가 될 것이다.

『지중해』의 충격

1947년 3월 페르낭 브로델의 박사 학위 청구 논문에 대한 심사가 열렸다. 지리학자인 로제 디옹이 심사위원장을 맡았고, 스페인사 전문가 마르셀 바타이옹, 경제사가 에밀 쿠르나에르, 16세기 전공자 가스통 젤러(브로델을 물리치고 소르본 대학 교수가 된 사람이다), 그리고 브로델의 지도교수인 에르네스트 라부르스가 심사위원이었다. 라부르스는 1972년 페르낭 브로델에게 헌정된 기념 논총에 실린 「『지중해』 25돌을 맞아 페르낭 브로델에게 건배를 제의하며」라는 제목의 글에서 논문 심사장의 분위기를 전해준다. 물론 글의 성격상 브로델에 대한 찬사가 주를 이루지만, 브로델과 라부르스의 학문적 성향이 달랐다는 점을 고려하면 행간을 주의 깊게 살펴볼 필요가 있다.

박사 학위 논문은 독창성을 요구한다. 논문 심사 보고서에서는 다음과 같이 '새로움'이 인정되었다. "논문은 지중해 지역 산악 지방에서의 삶, 평원 지방의 거주 조건들, 농경 관개의 경제적·사회적 효과, 말라리아 문제, 지중해 연안 지방의 자연 구조와의 관계 속에서의 해양 생활, 지중해 세계와 중부 및 북부 유럽 또는 스텝 세계와의 관계 등에 대해 독창적인 설명을 했다."

논문 심사장에서는 당연히 질문과 답변이 이어진다. 라부르스에 의하면, 두 가지 중요한 반론이 있었다. "심사위원들은 저자가 인간화된 자연환경들에게 그것들의 실제적인 지속력보다 더 긴 지속력을 부여하는 경향이 있음을 지적할 필요가 있다고 판단했다. 간혹 저자는 자기의 기술이 펠리페 2세의 시대에만 적용되는 것을 잊고, 16세기의 현상을 역사의 기원에서부터 나타난 것으로 생각했다." 또 역사적인 사실의 설명에서, "저자는 인간과 인간의 행동을 과소평가하고 대신 자연적인 구속의 힘을 과장하지 않았나?" 하는 지적이 있었다. 다소 의례적인 대화가 오고간 후, 심사위원들은 위대한 논문이 탄생했다는 데 합의하고, "땅에서 인간으로, 인간의 가장 높은 행동으로 옮겨가는 브로델의 역사 개념이 새롭고 웅대하다"며 "역사 기술의 신기원을 이룰 것"이라고 예언했다.

이렇게 논문 심사장의 분위기를 전한 뒤 라부르스는 자기 이야기를 한다. 특히 라부르스는 아날학파에 참여하지 않은 역사가이기 때문에 더욱 귀를 기울일 만하다. 먼저 라부르스는 브로델의 '거대한 역사' 개념이 지금은 평범하지만 당시에는 새로웠으며, 브로델이 이러한 '새로움'을 '평범함'으로 바꾸었다고 평가했다. 『지중해』는 그동안 "아날 그룹"이 추구해온 역사학의 모범으로서 수 개 국어[4]로 번역되었으며 이 논문의 영향을 받은 박사 학위 논문들이 많이 제출된 것으로 보건대, 하나의 학파, 그것도 프랑스의 학파가 아니라 국제적인 학파가 형성되었다고 말할 수 있다는 것이었다.

그런데 라부르스는 브로델의 거대한 역사를 "역사들의 혼합(alliage d'histoires)", 더 정확히 말하면 "역사들의 결합(alliance d'histoires)"이라고 말했는데, 과연 이 말이 어떤 의미를 지니고 있는지 생각해볼 필요가 있다. 혹시 헥스터가 말한 대로 지리적 역사와 사회경제적인 역사, 정치적인 역사가 잘 연동되지 않음을 이렇게 표현한 것은 아닌가? 라부르스는 브로델이 개인의 역할을 축소하고, 인간을 자유롭지 않게 보고, 위대한 인물을 "꼭두각시" 정도로 격하시키는 데는 동의하지 않았다. 결국 당시 논문 심사위원들이 제기했던 문제, 그리고 그 25년 후 라부르스가 제기한 문제는 역사적 인물의 자유와 구조 사이의 문제였다. 이는 역시 브로델 자신이 제기했던 문제였으며, 브로델 이전에 페브르가 제기했던 문제였다. 그리고 앞으로도 영원히 제기될 문제이다.

『지중해』에 호의적인 사람이나 그렇지 않은 사람이나 논문의 '새로움'은 인정했다. 내용만 새로운 것이 아니었다. 부피도 새로웠다. 1949년 출판 당시 『지중해』는 삽화나 지도, 그래프 없이 1175쪽이나 되는 분량이었다. 1966년의 수정 재판에서는 도표와 지도, 그래프, 삽화 등이 포함되어 1218쪽이 되었다. 글자 크기 등을 감안하여 전체적으로 계산해볼 때 약 20퍼센트가 늘어난 분량이다. 『지중해』 이후 길게 쓰기가 한때 유행하기도 했다. 데이옹의 박사 학위 논문은 606쪽, 구베르의 논문은 653쪽, 베렐의 논문은 842쪽, 가스콩의 논문은 999쪽, 르 루아 라뒤리의 논문은 1035쪽으로 늘어나더니, 위게트 쇼뉘와 피에르 쇼뉘 부부의 논문은 무려 7000쪽이 넘었다. 헥스터는 브로델이 불필요하게 길게 썼다고 비판했지만, 쇼뉘의 논문에 대해서는 브로델 자신도 "길게 쓰기보다는 잘 써야 한다"고 충고할 정도였다.

이러한 현상은 『지중해』가 모델이 되었음을 말해준다. 페브르의 기대가 어긋나지 않았으며, 라부르스의 진단이 정확했음을 보여주는 것이다. 그러나 1960년대 중반까지만 해도 『지중해』의 충격은 역사학계를 벗어나지 못했다. 어떤 해는 이 책의 한 해 판매 부수가 고작 5권에 불과할 정도로 "마치 사막을 걷는 듯" 빈약했다. 그러나 1965년의 수정 재판과 1972년 영어판 출판 이후에는 상황이 크게 개선되었다. 1985년 현재 6판이 출판되었다.

1970년에 들어 아날학파는 세계 역사학계의 정상에 등극

했다. 그 맨 위에는 물론 페르낭 브로델이 있으며 그의 손에는『지중해』가 있다. '브로델 현상'에 대한 증언들을 들어보자. 1971년 베네치아에서 "인류학자와 미래학자 사이에 있는 역사학자"라는 제목으로 열린 국제학술대회는 역사학과 사회학의 대화와 협력에 기여하는 사회사의 유행에 주목했고 그 진원지가 아날학파임을 확인했다. 트레버 로퍼는 다음과 같이 말했다.

인간이야말로 역사 연구의 통합적인 힘이다. 마르크 블로크가 그의『역사가의 직업』에서 썼듯이, 역사가는 동화 속에 나오는 식인귀처럼 인육의 냄새가 나는 곳이면 어디든지 찾아간다. 현대의 어떤 역사학파도 마르크 블로크, 뤼시앵 페브르, 페르낭 브로델로 대표되는 아날학파보다 나에게 더 많은 영향을 끼치지는 못했다.

『지중해』의 영어판이 나온 직후『근대사학보 *Journal of modern history*』는 "프랑스 역사학의 강세"라는 제목으로 "20세기 역사학의 장엄한 기념비"를 기리기 위해 세 명의 대역사가를 동원했다. 브로델 자신의「개인적 증언」, 트레버 로퍼의「페르낭 브로델, 아날 그리고 지중해」, 그리고 헥스터의「페르낭 브로델과 지중해 세계……」가 그것이다. 브로델 현

상은 1976년 뉴욕 주립대학에 페르
낭 브로델 센터가 설립되는 것으로
구체화되었다. 1977년에 창립 기념
으로 "사회과학에 대한 아날학파의
충격"이라는 제목의 세미나가 개최
되었다. 브로델은 이 세미나의 결론
에서 아날학파의 성공을 가능하게
했던 요인들을 전해주면서 월러스틴
의 성공을 기원했다. 그 몇 년 후 월

브로델(좌)과 월러스틴(우). 페르낭
브로델 센터 창립 기념 연설을 하
고 있다(1977년 5월 15일).

러스틴은 그 특유의 분석으로 화답했다. "이제까지 브로델은
과학적 세계의 주변부에 고립되어 있었다. 프랑스, 스페인,
이탈리아에서는 매우 널리 알려져 있었고 좋은 평가를 받아
왔지만 미국과 독일에서는 거의 알려져 있지 않았고 영국에
서도 미미했다. 『지중해』의 영어 번역이 이를 뛰어넘도록 해
주었다."

『지중해』가 '브로델 현상'의 핵이라는 점은 길게 부연할
필요가 없을 것이다. 그러니 마지막으로, 1981년 『미국 역사
학보 *American Historical Review*』(잡지 표지에 브로델의 사진
에 게재되었다)에 실린 새뮤얼 킨저의 논문 「아날학파의 패러
다임? 페르낭 브로델의 지리사적 구조」를 분석하는 정도로
『지중해』의 충격을 마무리하고자 한다. 킨저는 페르낭 브로

델의 지리적 구조주의를 길게 논증한 후 역사기술상의 "신기원"을 이룬 이유를 설명한다.

> 『지중해』의 지리사적 지향은 국가를 역사 탐구의 초점이라는 역할로부터 몰아내어 정치를 여타의 인간 행동들에 종속적인 것으로 만들었는데, 이는 경제사가들과 문화사가들이 지난 100년 동안 시도했으나 이루지 못한 것이었다. 『지중해』는 정치적으로 표현된 국가보다는 생태적으로 연동된 공간에 초점을 맞추고, 상업과 농업 활동을 국가의 법보다 공간 시스템과 관련시키며, 전통적인 프랑스 역사학의 특징인 지나친 민족주의적인 강조와 단절하고, 과거를 정치 엘리트들의 사상과 행동으로 이해하는 고대 이래의 서구 역사학의 경향을 무너뜨렸다. 이러한 이동은 『지중해』를 신기원의 책이라고 환호한 페브르, 라부르스 같은 사람들의 찬양을 정당화시킨다.

브로델이 사건보다 구조를 중시하고, 구조 가운데 특히 지리적 구조를 관찰했음은 분명하다. 그의 지리적 역사는 나름대로의 구조주의적 역사이며, 그런 점에서 전통적인 정치사와 외교사로부터 벗어난다는 아날학파의 새로운 역사 운동을 완성시켰다고 보아도 무리가 없을 것이다. 그러나 마르크스주의 역사가들이 보기에 지리적 설명은 과학적이지 못했다. 앞에서 보았듯이, 에르네스트 라부르스는 인간의 역할을 축소시키고 인간을 수동적인 존재로 약화시키는 설명에 대해 불만이었으며, 피에르 빌라르는 인간과 계급이 배제된 지리적 설명을 '비과학적'이라고 배격했다. 게다가 킨저의 설명에도 불구하고 구조-콩종튀르-사건이 연동적인지의 여부는 여전히 의문이다. 브로델의 책을 다시 읽어보고 나서도 나는 여전히 헥스터의 평가가 타당하다고 생각한다. 브로델의 가장 가까운 동료요 제자라고 할 수 있는 월러스틴도 『지중해』가 구조-콩종튀르-사건의 순서로 세 가지 시간을 다룬 것은 "중대한 실수"라고 평하면서 "차라리 사건으로 시작해서 구조를 다룬 다음 콩종튀르로 대단원을 맺었더라면 그 설명의 설득력이 좀 더 크지 않았을까" 하고 아쉬워했다.

『물질문명과 자본주의』의 논쟁

여기서 가장 중요한 인물은 이매뉴얼 월러스틴이다. 월러스틴의 저서 『근대세계체제 I. 자본주의적 농업과 16세기 유럽 세계경제의 기원』은 1967년에 『물질문명과 자본주의』 제1권이 나오고 7년이 지난 1974년에 출판되었다. "감사의 말"에서 월러스틴은 페르낭 브로델과 마리안 말로비스트에게서 직접적으로 영향을 받았음을 밝히고 있다. 사실 세계-경제[5] 개념은 브로델이 지중해 세계를 관찰하면서 자연스럽게 도달한 개념이다. 월러스틴은 『지중해』에서 세계-경제 개념에 대한 지식과 영감을 얻었으며, 역사가의 복잡한 설명을 사회과학자의 명료한 설명으로 옮겨놓았다. 월러스틴은 브로델의 독특한 자본주의 개념에 담겨 있는 논쟁적인 의미를 잘 짚어주고 있다.

페르낭 브로델은 적어도 15세기 이후의 근대 세계의 역사를 체계화하고 분석하는 한 방법으로서 자본주의 개념을 진지하게 연구하도록 당부했다. 물론 이런 생각을 가진 사람이 그 혼자만은 아니었다. 하지만 그의 접근 방식이 색다른 것이었음은 새겨둘 필요가 있다. 왜냐하면 그는 서로 대립 관계에 있던 19세기의 거대한 두 세계관, 즉 제각기 접근 방식의 요체라고 여겨졌던 고전적 자유주의와 고전적 마르크시즘 모두를 거스르는 하나의 이론 틀을 개발해냈기 때문이다. 첫째, 대부분의 자유주의자들과 대부분의 마르크스주의자들은 자본주의가 무엇보다도 자유경쟁 시장의 확립을 수반했다고 주장해왔다. 그런데 브로델은 자본주의를 오히려 반(反)시장 체제로 보았다. 둘째, 자유주의자들과 대부분의 마르크스주의자들은 자본가들을 경제적 전문화의 위대한 실천가였다고 주장해왔다. 그런데 브로델은 오히려 전문화를 거부하는 것이야말로 성공한 자본가들의 근본 특징이었다고 생각했다.[6]

요컨대 월러스틴은, 브로델이 시장경제와 자본주의를 대립적인 층으로 구분하고 시장경제의 정신을 경쟁으로, 자본주의의 정신을 독점으로 파악한 것을 의미 있게 보는 것이다. 독점을 추구하는 자본가들은 통념과는 달리 전문화되지 않는다. 자본가들은 독점을 통해 이익을 극대화시키는데, 이러한 독점이 무너지면 다른 분야로 진출하여 또다시 이익의 극대화를 도모하기 때문이다. 이렇게 자본가들은 선택하며 변신한다. 자본가들은 자유롭다. 자본가들이 특권을 가지고 있다면 그것은 선택의 자유이다. 이 같은 인식은 기존의 고정관념을 파괴한다. 예컨대 부르주아들이 농촌의 영지를 구입하거나 관직을 구입하는 것을 "부르주아지의 배신"이라고 보는 견해에 반해, 브로델은 그것을 부르주아들의 자본가적인 투자로 본다. 자본가들의 변신은 무죄이다.

이어서 월러스틴은 브로델의 자본주의 개념에 담겨 있는 의미를 이렇게 설명한다.

첫째, "그것은 역사학의 과제를 바꾸어놓았다." 19세기 중엽 이래 역사학은 신화(부르주아지는 영주들이 농민들을 착취하는 체제로부터 자라나 마침내 근대 국민국가의 지배 세력이 되었다. 이 새로운 집단과 이들이 신봉한 경제체제인 자본주의의 힘은 영국의 산업혁명과 프랑스의 부르주아 혁명으로 폭발했다. 이들 혁명은 모두 19세기로 들어설 무렵 세계사의 거대한 시대적 분수령을

이루었다)에 의해 지배되어왔는데, 브로델의 자본주의 개념
은 이러한 신화를 통렬하게 공격하고 있다는 것이다.

둘째, "그것은 계몽주의의 진보 이론에 대한 은근한 비판
을 담고 있다." 자본주의 개념을 새롭게 규정함으로써 브로
델은 자유주의자들과 마르크스주의자들이 진보 이론을 정당
화시키기 위해 이용해온 기본적 논거의 밑동을 베어버렸다
는 것이다. 자유주의자들이나 마르크스주의자들이나 모두
부르주아들이 등장하고 발전해온 역사적 연쇄 과정에 주목
해왔다. 자유주의자들이 보기에 이러한 과정은 일단 완결되
면 일종의 유토피아적 극치로 승화될 것이고, 마르크스주의
자들이 보기에 이러한 과정은 일단 완결되면 마침내 폭발하
여 역시 일종의 유토피아적 극치에 다다르게 될 것이었다. 하
지만 브로델은 단선적 진행 과정에 주목하는 것이 아니라, 월
러스틴의 표현을 빌리면, 독점 세력들(자본주의)과 해방 세력
들(시장경제와 물질생활) 사이의 긴장 관계에 주목한다.

그러면 미래는 어떠할 것인가? 자본주의와 시장경제 사이
의 긴장 관계는 영원히 계속될 것인가? 아니면 자본주의 체
제를 변형시킬 장기적인 추세들이 결국에는 이 체제를 어떤
다른 체제로 변화시킬 것인가? 여기에서 월러스틴은 "브로델
자신은 여기에서 더 이상 나아가지 않는다"고 단정하며 자신
의 이야기를 전개한다. 그는 새로운 다른 체제, 즉 사회주의

체제의 등장을 이야기한다. 그러나 그것은 그의 희망일 뿐 브로델의 이야기는 아니다. 브로델 역시 월러스틴과 마찬가지로 자본주의 체제의 불평등에 대해 적대적이었으나, 이러한 불평등 체제가 사라질지에 대해서는 비관적이었다. 브로델은 자본주의에 반대하면서 시장경제에 희망을 두었다. 그러나 월러스틴이 지적하듯이, 1980년대의 신자유주의 이데올로기를 받아들인 것도 아니요 경쟁 자체를 거부하는 푸자드주의*를 받아들인 것도 아니었다. 브로델은 사회주의를 자본주의의 대안이라고 생각하지 않았다. 오히려 그에게 사회주의는 반(反)시장이라는 점에서 자본주의와 다르지 않았다. 브로델의 반(反)사회주의적 입장은 너무나 뚜렷하다.

월러스틴은 정치적이고 이데올로기적인 측면에서 브로델의 삼층 구조를 논하고 있다. 그러면 경험적이고 이론적인 차원에서는 삼층 구조를 어떻게 평가할 수 있을까? 알랭 카이에는 『브로델 읽기』(1988)에서 시장경제와 자본주의의 구분에 대해 의문을 제기했다. 그에 의하면, 시장경제와 자본주의의 개념적 구분은 비현실적이다. 상인이라는 중개인이 없는 시장경제란 있을 수 없기 때문이다. 그러나 브로델이 상인을 자본주의에만 위치시킨 것은 아니었다. 자본주의적 상인은 원격지 교역을 담당하는 대상인이나 금융가였다는 점에서 알랭 카이에의 지적은 브로델에 대한 오해에서 비롯된 것 같다. 그러나 그의 중심 논제는 브로델이 "시장의 지배"를 과장하고 있다는 것이다. 브로델은 유럽에서는 매우 일찍부터, 12세기부터, 시장경제와 자본주의의 구분이 시작되었다고 본다. 그러나 알랭 카이에는 아메리카에서 들어온 은의 비율, 그리고 아메리카와의 교역이나 북유럽의 곡물 유입량 등이 매우 적었다는 사실을 근거로 브로델의 "시장의 지배"를 비판한다. 교역은 기근이 발생할 때만 이루어진 예외적인 사업이지 규칙적인 시장의 (브로델식의 표현을 사용하면) "넘실거리는 큰 파도"가 아니었다는 것이다. 그러나 유럽 세계-경제 외부로부터의 유입량이 극히 적었음은 브로델도 인정한 사실이다. 게다가 브로델은 19세기까지 유럽은 농업적이었다고 말하기까지 한다. 알랭 카이에는, 브로델이 상인을 세계경제사의 주역으로 설정함으로써 수공업자와 농민들과 같이 시대의 대부분을 차지하던 사람들을 홀대하고 말았다고 비판한다. 자본주의가 '생산'이 아니라 '교역'에서 나왔다고 주장하는 점에서는 마르크스주의자들의 비판을 받지 않을 수 없었다.

한편 『브로델 읽기』에 기고한 미셸 모리노는, 알랭 카이에의 글에서도 암시되었지만, 브로델의 유럽중심주의를 지적한다. 유럽에서는 일찍부터 자본주의가 시작되었다는 얘기나, 유럽은 아메리카의 은과 같은 외부적인 요인보다는 내부적인 요인에 의해서 내재적으로 발전해왔다는 얘기는 유럽 중심주의적인 관점이라는 지적을 면하기 어렵다. 유럽 세계-경제의 세계 지배를 어떻게 설명할 수 있을까? 브로델은 중세에 시작된 제1차 농업혁명, 상업의 부활, 근대 초의 농업혁명, 전국시장의 형성, 그리고 산업혁명으로 이어지는 고전적인 설명을 수용한다. 그러나 미셸 모리노는, 1840년까지도 동양과 서양의 일인당 국민소득은 별로 차이가 없었다는 폴 베록의 수치(브로델을 놀라게 했지만 미셸 모리노는 놀라게 하지 않은 수치)는 농업혁명에서 산업혁명으로 이어지는 내재적 발전이 하나의 신화임을 입증하는 것이라고 말한다. 결국 서양을 우위에 서게 만든 것은 과학의 발전과 식민지라는 것이다. 산업의 발전을 가능하게 해준 것은 값싼 농산물의 공급이었으며, 그것은 농업혁명에 의해서가 아니라 식민지에서 값싼 농산물들이 유입되었기 때문에 가능했다는 것이다. 브로델이 유럽중심주의자인가의 문제는 오늘날 우리 학계에서 유럽중심주의를 비판하는 목소리가 높아지고 있는 상황에 매우 흥미로운 문제이다. 『물질문명과 자본주의』에는 브로델의 유럽중심주의 여부를 따져볼 수 있는 재료들이 많으니 여기에서는 이 정도의 문제 제기만으로 그치자.

브로델의 경제사에 대한 경제학자들의 반응은 대체로 부정적이었다. 이들은, 브로델이 애지중지하는 콩종튀르는 낡고 단순한 이론이며, 통계 수치 또한 너무 불확실하다고 지적한다.[7] 이들은 브로델의 책이 재미있고 또 그렇기 때문에 부럽게도 대중적인 인기를 누리고 있지만, 과학적이라기보다는 영롱하고 감각적이며 직관적이라고 평한다. 한마디로 문학작품에 가깝다는 것이다. 미국의 신경제사*가들은 더욱 신랄해서 브로델의 책은 "예술 작품"이며 "혼란스러운 낙서(barbouillage confus)" 수준이라고 비판한다.[8] 거친 표현이기는 하지만 과히 틀린 말은 아니다. 브로델 자신도 자신의 통계 수치가 정확하지 않음은 인정하고 있다. 그런데 현재도 아니고 과거를 다루는 역사가들에게 완벽하고 정확한 통계라는 것이 과연 가능할까? 정확한 통계가 원천적으로 불가능하다고 해서 통계 자체를 시도하지 않는 것은 최선을 다하는 태도가 아닐 것이다. 불완전한 자료나마 한 시대의 "총체적 무게 재기" 정도는 가능하다는 것이 브로델의 생각이었고, 이러한 한계 내에서 통계 작업을 해본 것이다. 전반적인 흐름이나 밀도를 가늠하는 데 도움을 줄 것이라는 기대에서였지 사실을 뒷받침하는 결정적인 증거로 삼기 위해서는 아니었다.

2부

거대한 역사

Fernand
Braudel

아날학파의 제4세대 역사가로 꼽히고 있는 로제 샤르티에는 '책 읽기' 분야에서 독창적인 연구를 수행하고 있다. 제3세대 역사가들이 책의 소유 현황 및 책의 종류 등을 계량적으로 분석하는 데 치중했다면, 샤르티에는 독자들이 책을 어떻게 읽었는가 하는 질적인 문제를 밝히는 데 역점을 둔다. 책은 일단 생산된 다음에는 저자의 손을 떠난다. 독자는 책을 읽을 때 자기 관점에 따라 읽고 해석하는 법이기에, 저자의 의도는 굴절되어 수용되게 마련이다. 이 굴절각을 재는 것이 신문화사*의 흥미로운 주제이다.

나 역시 내 식으로(엉터리로?) 브로델을 전유(轉有)했는지 모른다. 자기 식으로 읽는 것은 독자의 운명이다. 그러나 나는 샤르티에가 권하는 대로 그렇게 당당하지 못하다. 나는 내가 혹시 오독하지는 않았는지 항상 두렵다. 따라서 나는 브로델의 책을 두 번 세 번 계속 읽으면서 '사실'에 접근하려고 노력했다. 나는 이것이 독자의 자세여야 한다고 생각한다. 동시에 이것은 역사가의 자세이기도 하다. 역사가는 어쩔 수 없이 남아 있는 얼마 안 되는 사료들을 가지고 해석하지만, 그렇다고 해서 역사가가 역사를 '만든다'라고 말할 수는 없는 것이다. '만든다'는 수준이라면 아직 역사라고 할 수 없다. 역사가가 고민하고 노력하면서 '사실'에 근접했다고 확신할 때 비로소 그것은 '역사'라는 고귀한 이름을 받을 수 있다.

1장

지중해 세계의 쇠퇴

『지중해』

브로델이 『지중해』에서 제기한 문제는, 지중해 세계의 쇠퇴 원인이 무엇이고 쇠퇴 시점이 언제인가 하는 문제였다. 그는 구조-콩종튀르-사건으로 나누어 이 문제를 설명하고 있으니, 우리도 그의 삼층 구조를 존중하여 구조-콩종튀르-사건으로 나누어 그의 설명을 들어본 다음, 그가 결론적으로 제기하는 역사철학적 문제인 '인간의 자유와 구조'에 대해 살펴보도록 하자. 본격적인 항해에 앞서 브로델의 지중해를 조감해보는 일이 필요할 것 같다. 『지중해』의 '목차'는 이렇게 되어 있다. 우선 눈에 띄는 것은 "환경의 몫"부터 시작한다는 점, 그리고 그것이 삼분의 일을 차지한다는 점이다.

서문

제1부 환경의 몫

제2부 집단의 운명과 전반적인 움직임

제3부 사건들, 정치, 사람들

각 장(章)은 다시 서너 개의 절로 구성되어 있고 각 절은 다시 여러 개의 항목으로 나뉘어 있다. 제1부는 지중해 바다, 연안 지방, 산, 기후와 같은 자연환경뿐만 아니라 인간이 만든 도시와 교통로까지 포함하고 있는 일종의 인문지리이다. 프랑스 역사학의 지리학적 전통을 담고 있으며, 그 비중만으로도 이 책이 지리적 역사의 모델임을 증명해준다. 제2부는 브로델의 말대로 사회사로서 『아날』의 제명인 경제 - 사회 - 문명이 중심이다. 계급만을 다루는 좁은 의미의 사회사가 아니라 전체 사회의 역사라고 말할 수 있다. 그런데 제2부에서 눈에 띄는 것은 '제국'과 '전쟁'이다. 브로델의 정치와 사건에 대한 경멸을 염두에 둘 때, 이러한 주제들은 당연히 제3부에 등장할 것으로 예상되기 때문이다. 그러나 일견 이런 정치사적 주제들이 제2부에 등장한 것은 그 자체로 중요한 이야기를 하는 것이다. 그것은 정치라고 해서 무조건 사건으로 구분되는 것이 아니라 정치에도 구조가 있고 콩종튀르가 있고

『지중해』 1권(좌) 『지중해』 2권(중앙) 『지중해』 3권(우). (Livre de Poche, 1993).

사건이 있다고 말하는 것이다. "제국"이라는 장에서는 도시
국가에서부터 영토국가, 국민국가, 제국에 이르기까지의 여
러 형태의 국가들이 16세기에 어떻게 경쟁했는가의 문제가,
"전쟁의 형태들"이라는 장에서는 외전과 내전 등 전쟁의 형
태가 어떻게 변하는지 하는 콩종튀르의 문제가 다루어진다.
제3부는 연대기적 순서를 따르고 있는데 지중해 세계가 거대
한 역사 밖으로 밀려난 시점에서 끝난다.

구조의 영향

인간이 자연환경의 영향을 받는 것만큼 자연스러운 일은 없다. 자연환경의 영향은 오랜 세월이 지나도 변함이 없다. 고온 건조하고 비가 내리지 않는 지중해의 여름 기후는 천 년 전이나 지금이나 변함이 없다. 기후에 적합한 작물을 재배하는 것은 당연하다. 스페인의 야산을 가득 메우고 있는 올리브 나무는 정부가 농업을 장려하기 위해 최근에 조성한 것이 아니라 수백 년 전 가톨릭 왕들이, 아니 그 이전부터 이미 조성된 것이다. 모로코의 베르베르 유목민들은 오늘날에도 노새와 낙타를 타고 다니는데 천 년 전에도 그러했을 것이다. 사람은 환경의 영향을 받아 오랜 기간 동안 거의 변함없는 반복적인 생활을 한다. 브로델의 표현대로 "장기지속적"이다.

지중해 세계는 자연의 혜택을 받지 못한 지역이다. 오늘날 지중해의 푸른 바다와 뜨거운 태양은 일부 특권적인 화가들과 관광객들을 유혹하고 있지만, 과거의 지중해는 이렇게 낭만적인 환경을 제공하지 못했다. 우선, 바다부터 시작해보자. 지중해는 물고기들이 살기 좋은 곳이 아니었다.

깊은 바다, 지반 붕괴로 생겨난 바다인 지중해에는 물에 살짝 잠긴 층, 해저 200미터 깊이까지 바다 어족들이 번식하고 있는 대륙붕 같은 것이 없다. 거의 어느 곳에서나 바위와 모래의 좁은 경사면이 연안에서 먼바다의 해구(海溝)까지 뻗어 있다. 지질학적으로 너무나 오래된 지중해의 물은 해양학자들의 말에 의하면 생물학적으로 고갈되었다. 식량 생산과 무관한 산호 채취를 제외하면 대규모 원양어업이라고 할 만한 것이 없다. 뉴펀들랜드나 아이슬란드 또는 북해의 청어 어장으로의 대규모 이동과 같은 북유럽적인 모습이 이곳에는 없다. 1605년 2월, 어족자원이 부족해지자 제노바 정부는 사순절 기간 동안 소비를 제한하고자 했다.

물고기의 부족은 단순히 식탁의 문제만이 아니다. 그것은 어부의 부족으로 이어지며, 어부의 부족은 선원의 부족으로 이어진다. 자연과 경제, 자연과 정치의 연결이다.

물고기의 부족은 어부의 부족, 나아가 지중해 세력의 거대한 계획에 항상 은밀히 제동을 걸었던 선원들의 부족을 설명해준다. 정치의 꿈과 현실 사이에는 언제나 이 장애물이 놓여 있었다. 배를 만들고, 장비를 갖추고, 배를 움직일 수 있는 사람들의 부족. 리보르노의 힘들었던 발전을 보라. 새로운 도시가 필요한 선원들을 확보하기 위해서는 한평생의 노력, 코시모 데 메디치의 평생의 노력이 필요했으며, 그리고 전 지중해 세계에 수소문하지 않으면 안 되었다. 마찬가지로 터키인들이 자기들의 선단을 구축하거나 알제의 해적 본부가 발전하는 데는 상황의 도움이 필요했다. 지중해에서 싸움을 벌이던 모든 함대를 갤리선으로 무장시킨다는 것은 무엇보다도 인적 자원의 문제였다. 노예, 전쟁 포로, 그리고 감옥에서 끄집어낸 죄수들이 없었다면 노 젓기에 필요한 사람들을 어디에서 구했을 것인가?

바다만큼이나 연안 지방도 척박했다. 나무가 제대로 자라지 못하니 기껏해야 관목 숲을 볼 수 있을 정도였다. 숲의 부족은 지중해 북부 연안에 비해 남부 연안이 더 심각했다. 그런데 숲은 무엇을 공급하는가? 숲은 건축 자재와 땔감, 돼지 먹이만을 제공하는 것이 아니었다. 선원들에게 숲은 곧 선박이었다. 선박을 만들 목재가 부족했으니, 해상 활동이라는 차원에서 지중해 세계는 북유럽 세계에 비해 불리할 수밖에 없었다.

베네치아나 스페인의 문서들을 읽고 예측할 수 있는 목재의 부족, 지중해의 서부와 중부 특히 시칠리아와 나폴리(이곳은 펠리페 2세의 대대적인 선박 건조 계획이 추진되던 곳 가운데 하나이다)에서 두드러졌던 산림 벌채. 특히 선체를 만드는 데 사용되었던 떡갈나무가 부족했다. 15세기 말부터 그것은 희귀해졌고, 그래서 베네치아는 자국의 숲에 남아 있는 것들이 파괴되지 않도록 보호하기 위해 드라콘적인 조치를 취했다. 다음 세기 동안 정부 당국에게 문제는 더욱 심각해졌다. 그렇지만 이탈리아에는 상당히 넓은 삼림 보호 지역이 남아 있었다. 그렇기는 해도 16세기 내내 대대적인 벌채가 행해졌다. 벌채가 빠른 속도로 진행되었음은 확실하다. 예컨대 산탄젤로 산은 소중한 예외라고 여겨졌으니 말이다. 터키인들은 한결 나았다. 콘스탄티노플 조선소 맞은편에 있는 흑해 연안의 광활한 숲, 네코메디아 만의 마르마라 숲. 레판토 해전 이후 베네치아는 바다 일에 대해 알고 있는 터키인 포로들을 모두 죽이기 위해 신성동맹을 상대로 온갖 노력을 다 기울였다. 그들의 몸값이 상당했지만 말이다. 왜냐하면 베네치아가 보건대, 목재와 돈이 부족하지 않은 터키는 그들을 동원하여 쉽게 배를 만들 수 있었기 때문이다. 터키가 꼭 필요로 했던 것은 사람들뿐이었다.

이렇게 선원과 목재가 부족했던 지중해 세계는 필요한 선원과 목재를 멀리서 찾기 시작했다. 16세기에 북유럽의 목재를 가득 실은 배가 세비야 항에 도착했다. 무적함대를 건설하기 위해 펠리페 2세는 폴란드에서 가져올 나무들을 미리 점찍어놓고는 매입하려고 애를 썼다. 이에 대해 브로델은 다음과 같은 결론을 내린다. "이러한 목재의 위기가 지중해에서의 기술 진보와 해양 경제에 대한 커다란 설명 가운데 하나를 제공해준다는 것은 의심의 여지가 없다. 그것은 톤수의 감소, 건조비의 상승, 북유럽 경쟁자들의 성공 등과 무관하지 않다."

농업도 마찬가지였다. 지중해 지역에서는 봄가을에 비가 많이 내리는 반면 뜨거운 여름에는 비가 내리지 않는데, 이 같은 더위와 비의 불일치는 한발로 이어진다. 지중해 세계의 전형적인 농작물은 밀과 포도, 올리브의 삼위일체이다. 그러나 무엇보다도 밀이 부족하다. 밀을 재배하는 농지도 부족하고 목초지도 부족하다. 목초지가 부족하니 자연히 가축의 수도 적고 크기도 작다. 비쩍 마른 가축들은 고기는 없고 뼈뿐이다. 양은 고기보다는 털을 얻기 위해 사육한다. 허약한 가축들은 북유럽의 평야에서 곡물 생산성을 높여준 바퀴 달린 대형 쟁기를 끌 수도 없다. 땅거죽만 긁는 정도인 바퀴 없는 쟁기가 지중해 지역에서 꾸준히 사용된 것은 땅의 두께가 얇거나 잘 부스러지기 때문만이 아니라 소나 노새가 충분한 힘을 가지고 있지 못했기 때문이다. 불모의 석회석 지대, 소금기로 황폐해진 광활한 땅, 질산칼슘으로 덮인 땅들은 빈곤을 가중시킨다. 이러한 상황에서는 인간의 끝없는 노력에 의해서만 경작지가 살아남는다. 그렇지 않으면 경작지는 곧 황무지로 바뀐다. 북유럽에서는 사람은 죽어도 땅은 남지만, 지중해 세계에서는 사람이 돌보지 않으면 땅도 없어진다.

지중해 세계 사람들이 밀을 주식으로 하고 육식을 즐기는 것은 가뜩이나 불리한 생존 조건을 더욱 위태롭게 만들었다. 밀은 쌀에 비해 수확량이 훨씬 적을 뿐만 아니라 지력 유지를 위해 휴경(休耕)을 실시해야 한다. 2년이나 3년마다 한 번은 경작을 하지 않고 휴식을 시켜야 하니 그만큼 실제 경작지의 면적이 줄어드는 것이다. 게다가 육식을 하기 위해서는 가축을 키울 목초지를 유지해야 한다. 가축은 고기를 공급하기도 하지만 비료로 사용되는 거름을 공급하기 때문에 농업에는 필수적이다. 한마디로 비교하면, 쌀은 많은 노동력을 필요로 하는 데 비해 밀은 넓은 경작지를 필요로 한다. 그러니 지중해 지역에서는 개간 사업이 지속적으로 이루어지는 것이다. 황무지를 개간하거나 늪과 소택지를 농지로 전환시키는 사업은, 브로델에 의하면, "지중해 농촌사의 진정한 독창성"이다. 지중해 세계는 새로운 땅, "내부의 아메리카"를 개간해왔다. 16세기의 인구 증가로 인해 개간 사업이 더욱 활발해졌다. 때마침 원격지 무역으로 돈을 번 상인들이 필요한 자금을 투자했다. "내부의 아메리카"가 고갈되면 어떻게 될까? 그때는 외부의 아메리카를 개간하고 사람들을 이주시켜야 하지 않겠는가? 포르투갈인들을 필두로 지중해 세계 사람들이 아메리카로 진출한 것은, 브로델과 월러스틴이 시사하듯이, 금과 은을 찾고 향료와 같은 사치품을 얻는다는 목적 외에도 기본적으로 생존을 위해 팽창하지 않으면 안 되는 구조적인 자연환경과 관련이 있다.

자연환경은 정치에도 영향을 미친다. 헝가리에서 보리 작황이 좋지 않으면 사람들은 터키 황제가 전쟁을 하지 않을 것이라고 확신한다. 기병들의 말에게 먹일 것이 없기 때문이다. 곡창 지대에 기근이 들면, 겨울이나 봄에 수립한 전쟁 계획이 어떻든지 간에 대규모 전투는 수확기에는 어쩔 수 없이 중단된다. 이 시기는 바다가 잔잔하여 대규모 해상 작전이 벌어지는 시기인데도 말이다. 겨울에는 전쟁을 하지 못한다. 지중해의 겨울바다는 평화롭다. 겨울 동안 정부는 거창한 계획을 세우고 논의를 거듭한다. 겨울은 서류가 마구 늘어나는 시기이다. 예측하고 논의하여 계획을 세우기에 좋은 계절이다. 어떠한 계획도 너무 거창하다거나 너무 어렵다고 생각되지 않는다. 네덜란드를 봉쇄할 것, 네덜란드에 소금을 보내지 말 것, 네덜란드의 식량원인 한자동맹의 밀을 모조리 사들일 것 등이 겨울 작전이다. 브로델이 말하기를, 그러니 역사가들은 겨울에 생산된 허풍 섞인 서류를 다룰 때는 조심해야 한다.

겨울에는 교섭, 외교 담판을 통해 평화적 해결을 모색한다. 이러한 점에서 보면 겨울은 건전한 휴식이다. 평화조약들은 겨울철에 체결되어 여름의 소란이 다시 시작되기 전에 조인된다. 카토 캉브레지 평화조약*은 1558~1559년 겨울에 이루어진 회담의 결과로서 1559년 4월 2일과 3일에 조인되었다. 스페인과 터키 사이에 있었던 여러 차례의 휴전은 한겨울의 일이었고, 1581년의 휴전은 2월 7일에 조인되었다. 베르뱅의 평화*는 1598년 5월 2일이었다. "12년 휴전 조약"은 1609년 4월 9일 헤이그에서 조인되었다.

> 요컨대 외교의 복잡한 게임을 단순한 계절의 순환으로 환원시키는 것이 우리의 의도는 아니다. 그렇지만 협정의 날짜는 나름대로 중요한 의미를 지니고 있다. 협정은 언제 맺는가? 겨울 초라면 회담은 거의 없었던 것이나 다름없다. 겨울의 끝 무렵이라면 회담은 힘이 든다. 각국 정부로 하여금 합리적인 사고를 하도록 만들어준 것은 여름, 즉 여름의 방대한 군사비 지출에 대한 공포와 염려가 아닌가?

행간을 읽는 역사가의 시각이 예리하다. 전쟁이 일어나는 장소도 지리적으로 결정되어 있다. 지중해는 이탈리아와 섬들에 의해 두 개의 바다로 나뉜다. 지중해를 두 개로 나누는 경계선은 동로마제국과 서로마제국을 나눌 때부터, 아니 그 이전부터 존재해왔다. 16세기의 지중해는 스페인의 지중해와 터키의 지중해로 나뉘었다. 두 개의 지중해는 두개의 정치권역이었다. 기독교 세계와 이슬람 세계 사이의 전쟁은 바로 이 두 개의 지중해가 만나는 지점에서 일어났다. 트리폴리(1511, 1551년), 제르바(1510, 1520, 1560년), 튀니스(1535, 1573, 1574년), 비제르테(1573, 1574년), 몰타(1565년), 레판토(1571년), 모돈(1572년), 코론(1534년), 라 프레베사(1538년)······.

이렇듯 농업에서 정치에 이르기까지 환경은 영향을 준다. 환경의 몫을 부정하는 것은 비상식적이다. 그러나 그 몫이 어느 정도일까? 과학적인 데이터를 제공하라고 요구하는 것은 비현실적이다. 그렇다면 환경의 영향이 결정적일까? 브로델은 지리적 결정론을 제창하는 것일까? 환경의 몫에 대해 인간의 몫은 없는 것일까? 전혀 그렇지 않다. 역사가는 인간의 몫을 강조하는 것을 잊지 않는다.

역사의 시초에는 바다가 아직도 인간에 의해 제어되지 않았던 한없이 긴 시대가 펼쳐져 있었다. 조금씩 조금씩 작은 배들이 바다를 정복하고 자체의 연결망을 구축하면서 점진적으로 인간들의 지중해와 역사의 지중해라는 긴밀히 결합된 전체를 건설했다. 분명히 해둘 것은 인간의 손에 의해 건설되었다는 점이다. 인간의 지중해는 이들 인간의 창의력과 노동과 노고가 계속해서 만들어내는 한에서만 존재한다. 지중해의 각 지방을 연결하는 것은 물이 아니라 바닷사람들이다. 평범한 진실, 그렇지만 많은 틀에 박힌 말과 이미지가 제멋대로 나돌고 있는 이 영역에서는 몇 번이고 되풀이할 만한 가치 있는 말이다.

그러니 '인간의 지중해'를 살펴보아야 한다. 브로델은 "교통로는 모든 잘 짜인 역사의 하부구조"라며 교통로와 도시를 주목한다. 교통로와 도시는 결국 하나이다. 지중해의 도시는 교통로를 만들어내며 교통로에 의해서 만들어진다. 16세기에 세계의 어느 지역도 지중해 세계만큼 강력한 도시망을 가지고 있지 못했다. 파리와 런던은 겨우 근대의 문턱에 접어들었을 뿐이다. 네덜란드와 남부 독일의 도시들, 즉 한자동맹의 도시들 모두 활기를 띠긴 했으나 지중해의 도시들처럼 촘촘하고 복잡한 총체를 형성하지는 못했다. 이곳은 베네치아, 제노바, 피렌체, 밀라노, 바르셀로나, 세비야, 알제, 나폴리, 콘스탄티노플, 카이로 등 대도시가 그물처럼 연결되어 있었다. 나폴리, 콘스탄티노플(인구 70만 명으로 파리의 두 배, 베네치아의 네 배였다), 카이로는 인구 과잉이었다. 또 중요한 것은 수많은 작은 도시들이 존재했다는 사실이다. 극동의 나라들이 지중해의 거대 도시들보다 인구도 많고 노동력도 풍부한 도시들을 가지고 있으면서도 실제로는 지중해처럼 역동적인 도시 생활망을 구축하지 못한 것은 지중해와 같은 작은 도시들의 활기가 결여되어 있었기 때문이라고 브로델은 설명한다. 즉, 극동의 도시들은 사람들만 모아놓았을 뿐 역동적인 활력을 지니지 못했다는 것이다. 브로델은 이렇게 말한다. "그러한 도시들은 아시아의 경제적 조직보다는 인구 과잉의 표현이다."

도로와 도시는 지중해의 인간적 질서이다. "그것은 모든 것을 지배한다." 농업은 대단치 않은 경우라도 도시로 귀착되며 도시의 지시를 받는다. 도시는 농업 성공의 원인이 된다. 도시 때문에 사람들의 삶은 자연적인 조건들이 원하는 것보다 더욱 급해진다. 도시 덕분에 교역 활동은 여타의 활동보다 우월해진다. 지중해의 모든 역사, 모든 문명은 도시가 만들어낸 것이다. 농촌은 자연환경의 절대적인 영향을 많이 받지만 도시는 그렇지 않다. 자연의 장기지속적인 영향으로부터 벗어나면서 문명은 시작된다. 도시의 존재는 그 자체로 지중해 세계가 자연환경의 구조적인 지배에서 어느 정도 벗어났음을 보여주는 증거이다. 환경의 몫에 맞서 인간의 몫이 존재함을 보여주는 것이다. 인간이 구조 속에 갇혀만 있는 것은 아니다.

콩종튀르의 비밀

이 묘한 제목으로 살펴보려는 것은 『지중해』 제2부 "집단의 운명과 전반적인 움직임"이다. 이 부(部)의 결론 제목이 "콩종튀르"인데 결론에 이 개념을 사용할 정도로 콩종튀르는 제2부를 이해하는 데 필수적인 용어이다. 그뿐 아니라 브로델의 역사 설명에서 콩종튀르는 만능키처럼 사용되고 있다. 그러니 중요한 것은 콩종튀르의 정체를 밝히는 일이다. 먼저 브로델의 말을 들어보자.

이 책의 제1부에서 우리가 다룬 주제는 공간에서부터 출발하여 반복하는 것, 완만한 것, 영속적인 것을 끄집어내는 것이었다. (중략) 이와 같은 장기지속을 넘어서 우리의 두 번째 책은 더욱 개별화된 리듬을 지닌 역사, 즉 집단, 집단의 운명, 전반적인 움직임의 역사를 포착하고자 한다. 다시 말해서 사회사이다. 여기에서 모든 것은 인간으로부터, 인간들로부터 출발하는 것으로, 모리스 알박스의 표현을 빌리면, 더 이상 '사물'에서 출발하는 것이 아니라, 이렇게 말해도 좋다면, 사물을 가지고 인간이 만든 것에서 출발한다. 실제로 이 두 번째 책은 모순적인 논제에 답하고 있다. 이 책은 사회구조, 즉 마모가 완만한 메커니즘에 관심을 가진다. 또한 이 책은 그것의 변동에도 관심을 가진다. 그리하여 최종적으로 이 책은 우리의 전문 용어로 '구조'와 '콩종튀르'라 이름 붙인 것, 즉 움직이지 않는 것과 움직이는 것, 느린 것과 빠른 것을 뒤섞는다. 이 두 가지 현실은, 경제학자들이 잘 알고 있는 바와 같이(실은 구조와 국면이라는 구별은 경제학자에게서 빌려온 것이다) 변화하는 것과 영속적인 것의 끝없는 혼합물인 매일매일의 생활 속에 결합되어 있다.

콩종튀르의 사전적 의미를 살펴보자. conjoncture는 라틴어 conjuntus(결합된)에서 나온 말이다. 『프티 로베르』 사전은 다음과 같이 풀이한다. "여러 가지 상황들(circonstances)이 만나서 생겨난 국면(situation)으로, 하나의 변화의 출발점으로 간주된다." 그러니 이 경우에 '국면'이라는 번역어는 콩종튀르의 의미를 잘 반영한다고 볼 수 있다. 그러나 경제학의 경우에는 특별한 의미를 지니고 있다. 『라루스』 사전은 "특정 지역이나 국가에서 단기적인 경제활동의 비계절적인 변화들 또는 이러한 변화를 연구하고 예견하는 기술"이라고 설명하고 있다. 이러한 콩종튀르를 연구하는 경제학자를 conjoncturiste라고 부르는데, 수학적인 분석 기법을 활용하여 경제적인 콩종튀르를 연구하고 이것의 변화를 계산하는 사람들이다. 최초의 conjoncturiste로 꼽히는 사람은 프랑스의 경제학자인 클레망 쥐글라르이다. 그는 1862년에 출판한 상업 위기에 관한 책에서 경제 위기의 주기성(週期性)에 대해 주의를 환기시켰으며, 이를 토대로 미래 상황을 예견했다. 브로델이 콩종튀르라는 용어를 사용할 때는 '국면'이라는 일반적인 의미 외에도 이러한 경제학적인 의미가 들어 있다. 콩종튀르는 변한다는 의미를 가지고 있으며, 변하되 주기적으로 변하기 때문에 그 변화는 예측 가능한 것이다. 따라서 콩종튀르라는 관점으로 역사를 바라보는 것은, 인간의 제반 활동, 특히 경제활동들은 나름대로의 주기를 가지고 상승과 하강을 반복하며 순환한다고 인식하는 것이다.

이상과 같은 단어 지식을 가지고 브로델의 결론적인 이야기 속으로 들어가 보자. 주기에 따라 여러 개의 경제적인 움직임이 있다. 즉, 가장 장기적인 움직임인 세기(世紀)적 추세(trend), 콘드라티에프*의 50년 주기와 같은 장기적 콩종튀르,

단기적 콩종튀르, 10년 내 주기, 계절적 움직임…….

먼저 세기적 추세. 16세기 지중해 세계에서 경제생활의 세기적 상승은 1470년경에 시작되어 1590~1600년의 기록적인 고물가 시기에 중단되거나 완만해지는데, 이러한 움직임은 그럭저럭 1650년까지 지속된다. 이러한 장기적인 상승은 기본적으로 곡물 가격의 변동에서부터 확인된다. '장기 16세기' 동안의 가격 상승은 물질생활과 이것에 의존하고 있는 모든 것의 상승에 이바지했다. 이러한 기저의 활력은 16세기 말에 금방 사라지지 않았다. 역류는 뒤늦게 1650년경에 가서야 찾아온다. 지중해의 콩종튀르가 쇠퇴 국면으로 바뀌는 시점을 잡는 것은 브로델에게는 대단히 중요한 문제였다. 그는, 이것이 미묘한 문제임을 전제하면서 다음과 같이 말한다.

> 우리 지중해의 역사가들에게 중요한 것은, 쇠퇴가 대단히 조숙했다는 그 끈질기게 우리를 사로잡고 있는 잘못된 생각에서 다시 한 번 벗어나는 것이다. 나는 그 시기를 이 책의 초판에서는 1600년경 또는 나아가 1610~1620년으로 잡았으나, 이제는 그 시기를 30년 정도 늦추고 싶다.

지중해 세계는 1571년의 레판토 해전이나 1588년의 스페인 무적함대의 괴멸과 관계없이 17세기 중엽까지는 대체로 번성했다는 것이다. 요컨대 '사건'의 힘은 무력했다는 것이다. 아울러 세기적 상승이 1470년경에 시작했다는 것은 그것이 아메리카로부터의 은의 유입과 관계없이 시작되었음을 말하는 것이다. 어디까지나 아메리카가 아니라 유럽이 모터였다는 것이다.

1450년부터 1650년까지의 200년 동안은 하나의 통일성을 이루었다. 원인이건 결과이건 하여튼 대규모 인구 증가가 있었다. '인구 증감'이라는 요소는 브로델의 설명 체계에서 매우 중요하다. 그렇지만 세기적인 상승 추세가 전반적인 생활 수준의 상승을 뜻하지는 않는다. 적어도 18세기 말까지 경제적 상승은 언제나 대중의 희생 속에서, 다시 말하면 '사회적 학살' 속에서 이루어졌다. 이 시기까지는 나누어 먹을 빵의 크기에 아무 변함이 없었던 것이다. 빵의 크기가 커진 것은 산업혁명 이후였다. 이런 의미에서 산업혁명의 역사적 역할을 인정할 수 있다. 세기적인 상승의 변함없는 추진력은 영토 국가 및 제국의 등장에 도움을 주었으며, 또한 여러 가지 불규칙적인 움직임에도 불구하고 사회를 열어주는 데 기여했다. 귀족은 부르주아지의 침입에 의해 재편되었다.

다음은 장기적 콩종튀르. 경제사가들은 1460년, 1509년, 1539년, 1575년, 1621년을 최저점으로 하고, 1483년, 1529년, 1595년, 1650년을 정점으로 하는 일련의 '장기적' 진동에 대

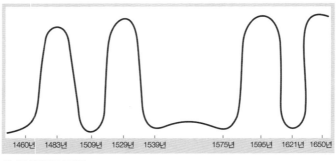

장기적 콩종튀르 그래프.

해 대체로 의견 일치를 보고 있다.

이렇게 해서 각각 밀물과 썰물을 가지는 네 개의 연속적인 파도를 그릴 수 있는데, 첫 번째 것은 49년, 두 번째 것은 30년, 세 번째 것은 36년, 그리고 마지막 것은 46년의 폭을 가진다. 이 도식에서 세 번째 파도(1539~1575년)의 밀물과 썰물은 다른 파도들에서와 같이 뚜렷이 표시되지 않는다. 진짜 16세기 (1500~1600년)의 중간은 일종의 비틀림, 정지 등으로 표시되는데, 그것의 영향은 스페인에서는 1550년에서 1559~1562년까지의 비교적 짧은 기간 동안, 그러나 영국, 프랑스, 네덜란드 등지에서는 더 오랫동안 반향을 불러일으켰다. 이렇듯 첫 번째 16세기(금이 풍부하던 시기)와 두 번째 16세기(은이 풍부하던 시기)는 상이한 양상을 보여준다. 16세기 지중해 세계에서는 대체로 세 개의 자본주의 단계가 연속되었다. 즉, 1530년 이전의 상업자본주의, 세기 중반의 상인 주도형 산업자본주의, 세기말의 금융적 자본주의가 그것이다. 이러한 콩종튀르 곡선은 물론 불완전한 도식이지만 여러 가지 유용한 설명 자료를 제공해준다. 1529~1575년 또는 1539~1575년의 중간 침체기의 폭이 문제이기는 하나, 어쨌든 이 시기는 북유럽 선박들이 지중해 항해를 정지한 시기와 일치한다. 스페인의 파산은 이 도식에 의해 잘 설명된다. 1557년과 1560년의 첫 번째 파산은 세 번째 정상 부근에서 일어났으며, 1596년의 세 번째 파산은 네 번째 정상 부근에서 일어났다. 이러한 파산은 외부적으로 강요된 논리적이고 정상적인 파산이다. 반면에 1575년, 1607년, 1627년의 파산은 경제적인 악천후 때문만이 아닌, 내부적으로 의도된 고의적인 비정상적 파산이다. 따라서 콩종튀르상의 위치에 따라 의도적인 파산과 강요된 파산이 구분된다.

전쟁은 더 잘 분류된다. 구조적으로 전쟁은 기독교 세계와 이슬람 세계의 접점에서 일어났다. 지야드와 십자군은 경제적인 경기 불순에 의해 고집스럽게 촉진되었다. 반대로 기독교도들 사이의 내전이건 이슬람교도들 사이의 내전이건 모두 상승하는 파도에 의해 지탱되었으며, 그것의 하강은 매번 규칙적으로 내전을 정지시켰다. 예컨대 1529년의 '귀부인들의 평화', 1559년 카토 캉브레지 조약, 1598년 베르뱅의 평화 등은 그라프의 정상 부근에 위치한다. 반대로 터키와 기독교 간의 전쟁인 1538년의 라 브레베자 해전, 1571년의 레판토 해전은 역류의 시기에 발생했다. 16세기 말 특히 1595년 이후가 되면 반(反)터키적인 계획이 표면화된다. 스페인에서 1609년과 1614년 사이에 일어난 30만 명의 모리스코 축출*은 그지없이 잔인한 전쟁에 속한다. 1618년에 보헤미아에서 불붙은 전쟁은 계속 퍼져나가 1621년경에는 중부 유럽의 심장부를 휩쓸었다. 이것이 바로 30년전쟁의 드라마인데, 이것 역시 적절한 때에 발생한 것이다. 이러한 일치는 무엇인가를 가르쳐준다. 상승 국면에서는 내적인 전쟁이, 하강 국면에서는 이교도들과의 전쟁이 벌어졌다. 이 규칙은 이슬람 사회에도 적용된다. 레판토 해전 이후 1593년 독일에 대해 전쟁을 재개할 때까지 터키는 페르시아에 대한 전쟁에 빠져들었다. 반(反)유태 운동은 외적 전쟁에 해당한다. 기독교 세계는 역류의 시기에 유태인들을 학살했다. 이러한 설명에는 예외가 없지 않지만 필요한 설명들 가운데 하나이며 유용하다.

콩종튀르 가운데는 경제적인 콩종튀르가 두드러진다. 그러나 경제적인 콩종튀르만 있는 것은 아니다. 비경제적인 콩종튀르들도 있다. 비경제적인 콩종튀르들은 자체의 시간 지속에 따라 측정되고 자리매김된다. 인구 변동, 국가와 제국의 크기, 사회적 이동성, 산업 성장력 같은 것들은 세기적 추세에 비견된다. 산업화, 국가의 재정, 전쟁과 같은 것들은 장기적 콩종튀르의 대열에 낄 수 있다. 콩종튀르는 문화적인 움직임을 이해하는 데도 도움을 준다. 1480년에서 1509년 사이의 르네상스는 주기상의 후퇴기에 일어났다. 스페인의 황금시대, 그리고 유럽에서나 이스탄불에서의 17세기의 섬광은 첫 번째 세기적 반전 이후에 퍼져나갔다. 어떻게 설명할 수 있을까? 브로델에 의하면, 경제적인 둔화는 많은 돈을 부자들의 수중에 그냥 쌓아두는데, 이 투자되지 못하는 자본을 낭비하는 것이 황금시대이다. 문명의 사치스러움은 경제적 실패의 신호라는 것이다.

이렇듯 16세기 지중해 사람들은 여러 가지 힘의 영향을 받고 있었다. 우선 16세기 이전 사람이나 이후 사람들에게도 변함없이 영향을 끼친 자연환경의 힘이 있다. 브로델의 표현을 따르면 구조의 힘이다. 그 다음으로는 콩종튀르의 힘이 있다. 콩종튀르란 일정한 주기를 가지고 반복되는 힘으로, 그 주기의 폭에 따라 세기 단위의 초장기적인 콩종튀르에서 단기적인 콩종튀르에 이르기까지 다양하다. 수량화가 쉽기 때문에 잘 드러나는 경제적인 콩종튀르 외에도 비경제적인 콩종튀르들이 있다. 역사적 설명이란 이렇게 다양한 콩종튀르들 간의 상관관계를 밝히는 것이다. 사람은 이러한 구조와 콩종튀르의 토대 위에 살고 있다. 그는 자유롭게 생각하고 행동하는 것 같지만, 사실 그의 생각과 행동이 완전히 자유롭지 않다는 점은 분명하다.

이제 브로델의 설명 체계에 너무나도 자주 등장하고 혼란스럽게 사용되는 콩종튀르의 정체가 밝혀졌다고 생각한다. 브로델은 역사이론가가 아니기에 그의 콩종튀르 개념을 이해하는 정도로 『지중해』 제2부의 탐색을 끝마치는 것은 역사가의 풍부한 역사 사상을 빈곤하게 만드는 것이다. 그러니 그의 역사 세계 속으로 들어가 흥미로운 주장들을 점검해보기로 하자.

먼저 중요한 것은 공간이다. 공간의 크기는 인간의 척도에 따라 달라진다. 16세기 지중해인들에게 공간은 넓은 데 반해 교통과 통신 수단은 너무나 열악했다. 1571년 10월 7일의 레판토 해전의 승전보가 베네치아에는 10월 18일, 나폴리에 10월 24일, 리옹에 10월 25일, 파리와 마드리드에는 10월 31일에 도착했다. 그나마도 이처럼 신속한 전파는 긴급 뉴스의 특별한 사례에 속하는 것이었다. 베네치아 주재 스페인 대사가 마드리드의 펠리페 2세에게 보낸 서신은 빠른 것은 22일, 느린 것은 85일이나 소요되었다.

공간 다음으로는 인구 변동이다. 이것은 브로델이 경제의 세기적 추세에 비견된다고 구분한 것이다. 얼마나 많이 있었는가? 늘고 있었는가, 줄고 있었는가? 어려운 질문이다. 역사가는 다음과 같이 추산한다, 16세기 말 스페인 800만, 포르투갈 100만, 프랑스 1600만, 이탈리아 1300만, 합계 3800만, 터키 약 1600만, 아프리카 북부 600만, 총 6000만 명. 지중해 동부의 이슬람 세계는 사람이 너무 적었고 서부의 기독교 세계는 너무 많았다. 16세기는 인구 증가의 시대였다. 1500년에서 1600년 사이에 두 배가량 늘어났다. 브로델의 역사 설명 체계에서 '인구'는 다른 어떠한 문제 이상으로 중요하며, 시대의 척도와 방향을 주는 본질적인 문제였다.

독자들은 이 생물학적인 혁명이 우리의 관심을 끄는 여러 가지 운명에게 중요한 사실이었다는 점을, 터키인들에 의한 정복이나 아메리카 대륙의 발견과 식민지화 혹은 스페인 제국의 사명보다도 중요하다는 점을 어렵지 않게 인정할 수 있을 것이다. 게다가 이와 같은 인구 증가가 없었더라면 이들 역사의 빛나는 페이지가 씌어질 수 있었을 것인가? 이러한 혁명은 가격혁명*보다도 중요한 것으로서, 아메리카로부터의 은의 대량 유입에 앞서서 이 혁명을 설명해준다. 이러한 상승은, 인간이 처음에는 필요한 노동자였다가 다음에는 커다란 부담으로 변해간 시대의 승리와 파국을 동시에 만들어냈다. 1550년부터는 바퀴가 거꾸로 돌기 시작했다. 그 무렵부터 사람들이 너무 많아서 서로 떼밀릴 정도였다. 1600년경 이러한 초과 하중은 발전을 정지시키고 강도 행위와 같은 잠재적인 사회적 위기의 소지를 만들어냈으며, 이로써 17세기의 씁쓸한 장래에는 모든 것이 또는 거의 모든 것이 악화된다.

브로델은 이렇게 추산된 인구를 토대로 지중해 경제의 규모를 계산해본다. 일인당 연간 밀 소비량을 2킨탈로 잡고 전체 인구 6000만 명을 곱하면 연간 밀 소비량이 나온다. 1600년경 1킨탈의 평균 가격을 5 내지 4두카트로 잡으면 지중해에서의 소비는 매년 4억 8천만에서 6억 두카트이다. 지중해 세계 선박의 총 톤수는 30만 내지 35만 톤이고 북유럽의 선박 톤수는 60만 내지 70만 톤이다. 아메리카 대륙 발견 이전 지중해에서 유통되었던 화폐의 총량은 금 5만 톤과 은 6만 톤이다. 1500년에서 1650년까지의 1세기 반 동안 아메리카 대륙에서 들어온 금은 180톤이고 은은 1만 6천 톤이다. 『지중해』에는 이러한 종류의 통계가 대단히 많이 나온다. 브로델은 육로와 해로의 수송량의 비율을 1 대 3으로 계산하고는 느닷없이 다음과 같이 말한다. "나는 이 비율이 일반적인 가치를 갖는다는 것을 한순간도 믿지 않는다." 믿지 않으면서 왜 계산한 것일까? 아마도 『물질문명과 자본주의』에서 더 철저하게 시도하듯이, 16세기 지중해 세계의 가능성의 한계를 가늠하기 위해서였을 것이다. 그러나 어쨌든 브로델이 제시하는 통계의 신뢰도는, 본인도 인정하듯이 매우 낮다.

여러 가지 종류의 수입을 더해보면(물론 그것들 자체가 불확실
하며 또 일부에서는 중복되기도 하지만), 지중해에서의 총수입
은 12억 두카트 금화에서 15억 두카트 금화 사이일 것이다. 그
렇게 되면 1인당 20에서 25두카트가 된다. 이들 숫자는 불확실
하며 확실히 지나치게 높다. 평균적인 수준은 이 정도의 높이에
이르지 못한다. 오류는 우리가 부당하게도 모든 것을 화폐로 산
정했다는 데 있으나, 다른 방법을 취한다는 것은 불가능했다.
이는 만약 모든 것이 시장경제를 경유할 경우의 평균 수준일 것
이다. 그런데 실제는 그렇지 않다. 그렇지만 이와 같은 이론적
인 숫자가 어리석은 것은 아니며 무익한 것은 더더욱 아니다.
우리는 접근하기 어려운 거대한 덩어리들을 상호적인 관계 속
에서 자리매김하기 위해 데생을 한 것이며, 또 그것이 필요했
다. 자, 이제 페이지를 넘겨 이러한 실망스러운 계산 방법을 버
리도록 하자. 가치 있는 숫자가 우리의 시야를 피해가니까 말이
다. 지금부터 10년이 지나 이렇게 해서 열린 길이 다시 다듬어
지고 성과 있는 탐사가 이루어진다면, 이 장을 전적으로 다시
고쳐 써야 할 것이다.

독자들을 맥 빠지게 하는 구절이다. 경제적인 탐사는 귀금

속, 화폐, 물가, 상업과 수송 등으로 계속 이어진다. 아메리카에서 유입된 귀금속은 16세기 지중해 경제에서 커다란 역할을 수행했다. 스페인에 들어온 은은 제국을 유지한다는 스페인의 세계정책 때문에 안트베르펜으로 유출되었으며, 여기서 다시 독일, 북유럽, 영국으로 유출되었다. 영국의 해적들이 스페인의 대서양 항로를 차단하자, 스페인은 제노바를 경유하는 프랑스 루트를 이용했다. 이로써 "제노바인들의 세기"가 시작되었다. 지중해가 쇠퇴하지 않았음을 말하는 또 다른 증거이다. "지중해는 16세기 초부터 쇠퇴했다고 성급하게 말하는 사람들에게 이 구절을 바치자"고 브로델은 말한다. 세비야로의 은의 입하는 1601~1610년에 정점에 달했다가 급격히 하강하는데, "이때 지중해의 운명뿐만이 아니라 세계의 운명이 바뀐다."

이렇게 브로델은 은의 영향을 인정한다. 그러나 그것이 결정적인 것도 아니었으며 전부도 아니었다. 그것은 가격혁명을 일으킨 주범이 아니었다. 16세기의 가격 상승은 당대인들을 놀라게 할 정도였다. 16세기의 지식인 장 보댕은 아메리카 책임론을 제기하여 얼 해밀턴의 선구자가 되었다. 그러나 브로델은 아메리카 책임론에 동의하지 않는다. 1500년 이전에도 화폐의 재고가 많았으며, 가격 상승은 콜럼버스 이전에 시작되었다는 것이 그 논거이다. 한마디로 대서양이라는 외부적인 요인이 아니라 "유럽의 콩종튀르가 모두 결정했다"는 것이다. 이렇게 브로델은 유럽의 발전 동력을 외부가 아니라 내부에서 찾는다.

가격 상승은 그 주범이 무엇이었든 하나의 사실이었다. 그것의 사회적 파장은 어떠했을까? 블로크는 『프랑스 농촌사의 기본성격』(1931)에서 가격혁명의 결과 봉건영주층이 몰락했다고 말한다. 이것은 우리에게 익숙한 설명이다. 그러나 브로델의 설명은 다르다. 토지 소유주들은 현금 지대(地代)를 현물 지대로 전환시킬 수 있었기 때문에 타격을 입지 않았다는 것이다. 이 시기의 토지 소유주들은 마치 자본가들처럼 유연하고 민첩했던 것이다. 오히려 비토지 부문, 특히 은행가들과 기업가들이 타격을 입었다는 것이다. 이탈리아의 산업이 북유럽에 경쟁력을 빼앗기게 된 것도 이 때문이었다.

포르투갈의 희망봉 주항 이후 지중해 후추 시장에 혼란이 발생했다. 그러나 포르투갈 후추는 가격은 저렴했지만 긴 여행으로 향을 상실하는 바람에 세기 중반에는 예전의 레반트 루트가 활기를 되찾았다. 더욱이 스페인 무적함대의 패배로 대서양 항해가 위험해지자 대서양 후추 가격이 레반트 후추 가격보다 오히려 비싸졌다. "1550년부터 1620년까지 후추와 향신료가 지중해를 통과한 것은 아메리카 대륙의 은이 여러 해에 걸쳐 끝내는 지중해에 도달했기 때문이 아닌가? 이 콩종튀르가 모든 것을 지휘했다." 브로델이 아메리카 은의 중요성을 강조하는 대목이다. 지중해 세계는 여전히 활기를 잃지 않았다. 운명적으로 부족함 속에서 살아온 지중해 세계가 북유럽의 밀과 터키의 밀을 수입하고, 이들 "북쪽의 가난한 사람들"을 장악할 수 있었던 것도 은 덕분이었다. 은을 가지고 있던 지중해 세계는 여전히 강력했다. 1588년 무적함대의 승리라는 '사건'이 즉시 영국의 헤게모니로 이어진 것일까? 그렇지 않다. 이 무렵의 영국은 해적이었고, 해적은 약자의 무기였다. 세기말에 영국이 해적질을 했다는 것은 부유한 상선과 부유한 도시를 낀 바다에서 아직 큰 자리를 차지하지 못했다는 것을 반증한다. 영국 함대가 지중해에 들어오는 것은 1620년이고, 영국 본토의 상관(商館)이 개설되는 것은 1630~1640년이다. 이렇게 경제의 여러 부분을 살펴봄으로써 확인할 수 있는 것은 지중해가 아직 쇠퇴하지 않았다는 사실이다.

'국가'라는 차원에서는 도시국가에서 영토국가로의 이행이 대세였으며, 제국이 등장하고 있었다. 경제 상승은 거대국가의 출현에 유리했다. 이 대목의 설명에서도 브로델은 내적인 설명을 계속한다. 가격 상승이 신대륙으로부터 은이 대량으로 유입되기 전에 시작되었듯이, 영토국가의 성장 역시 아메리카의 발견보다 앞서 시작되었다는 것이다. 16세기 초는 경제학자들이 말하는 최적 규모의 정치적 사업을 대표하는 거대 국가들, 달리 말하면 스페인과 터키 같은 제국에게 유리하게 작용했지만, 1595~1621년의 장기 침체는 영토국가보다 제국들에게 더 큰 고통을 주어 결국 앙리 4세의 프랑스나 엘리자베스의 영국 같은 중간 규모 국가에게 유리해졌다. 어쨌든 국가 형태에서 유럽은 카를 5세의 제국 이념에도 불구하고 제국으로의 이행을 피할 수 있었다. 제국으로의 이행은, 월러스틴이 강조하고 브로델도 『물질문명과 자본주의』에서 동의하듯이, 세계-경제의 작동을 방해하여 자본주의의 발전을 저해하는 것이었다.

강력한 국가의 등장과 함께 귀족들의 기반이 흔들린 것은 사실이다. 귀족들은 궁정과 도시에 모여들었다. 귀족들은 "군주라고 하는 태양 앞에서 별처럼 사라졌지만, 그렇다고 해서 무시할 정도는 아니었다." 근대국가는 귀족들의 적인 동시에 보호자요 동업자였다. 부르주아지는 상업적인 위험에 싫증을 느낀 나머지 관직과 공채, 봉토 등을 매입하고, 귀족적인 삶의 위세와 안락함 등의 유혹에 굴복했다. 그들은 왕에게 봉사하고 땅의 안전한 가치를 추구했다. 부르주아들은 귀족으로 편입되었다. 귀족은 그들의 태양이었다. 귀족의 작위는 살 수 있었다. 16세기에 현금을 받고 귀족 작위를 팔지 않는 국가는 없었다. 부르주아들이 자발적으로 투항한 것이니 귀족들은 제3신분과 싸울 필요가 없었다. 제3신분들은 그들에게로 왔고 그들을 위해 가난해졌다. 소위 말하는 "부르주아지의 배신"이다. 『지중해』에서는 이렇게 말한다.

> 만일 사회질서가 변하는 것 같다면 그것은 실제에서나 외양에서나 그러하다는 것이다. 부르주아지가 항상 가혹하게 게임에서 밀려난 것은 아니다. 그들은 스스로 자신들을 배신했다. 무의식적인 배신이었다. 왜냐하면 자신들을 참으로 부르주아지라고 느낀 부르주아지 계급은 없었기 때문이다.

그러나 『물질문명과 자본주의』에서는 이러한 설명을 취소한다. "나는 다른 책에서 이것을 두고 '부르주아지의 배신'이라고 표현했다. 이것은 지나친 말이었다. 사실 부르주아지가 철저하게 배신하는 것은 아니다. 이들은 장벽에 대항하여 스스로 변화하는 것이다." 부르주아들은 더 많은 이익을 좇아 민첩하게 변신한 것이다. 결국 16세기에 귀족과 부르주아지는 건재했다. 성장의 부담을 짊어진 사람들은 서민들이었다. 소요와 폭동, 반란이 빈발했고, 부랑자들과 유랑민이 증가했다. "사회적 양극화"가 진행된 것이다.

이제 마지막으로 '문명'이다. '전쟁'은 앞에서 간단히 소개했으니, '문명'에 대한 브로델의 이야기를 집중적으로 들어보자. 먼저 종교개혁. 스페인은 종교개혁의 영향을 별로 받지 않았다. 백년전쟁 직후 가톨릭은 고조되는 종교 열정의 내습을 받았다. 그 무게에 눌려 가톨릭은 마치 수피(樹皮)가 갈라지듯이 파괴되었다. 북유럽에서 종교개혁은 독일, 폴란드, 헝가리, 스칸디나비아 국가들, 영국, 스코틀랜드로 퍼져나갔다. 그러나 지중해 세계로 침투하는 데는 실패했다. 남부에서는 가톨릭의 반(反)종교개혁이 벌어졌으며, 그리고 얼마 안 있어 사람들이 바로코라고 명명한 문명이 개화했다. 종교와 문명의 차원에서도 북유럽과 지중해는 구분되었다. 지중해 세계의 본질적인 경첩 관절은 라인 강과 다뉴브 강을 연결하는 로마제국의 옛 경계선이었다. 16세기에 있었던 가톨릭의 부활은 여기에서 전선을 구축했다. 로마와 종교개혁 사이의 균열은 이 옛날 상처를 따라 일어났다. 이러한 로마의 전진 라인과 프로테스탄트들이 극단적으로 밀어붙인 피레네 라인 사이에 갇힌 16세기의 프랑스, 두 갈래로 찢긴 프랑스는 지리적 위치의 운명을 따르지 않을 수 없었다.

다음은 스페인에서의 종교박해. 앞의 종교개혁에 대한 설명과는 달리 이 부분에서 브로델은 여러 가지 모습을 보여준다. 스페인이 이베리아반도를 재정복한 이후 특히 유태인과 이슬람교도를 박해하고 추방한 이유는 무엇일까? 첫째 이유는 예의 그 인구적 설명이다. "기독교 문명은 인구가 너무 많앉고 터키는 인구가 충분하지 않았기 때문이다." 두 번째 이유는 모리스코들이 동화하지 않았기 때문이다. 직접 역사가의 '변론'을 들어보자.

어쨌든 (해결하기 어려운) 문제는 스페인이 추방, 그리고 이에 수반된 과격한 정책을 집행하는 데 비싼 비용을 지불했는지 또는 그렇게 한 것이 옳았는지의 여부를 아는 데 있지 않다. 우리의 현재적인 정서에 비추어 재판을 재개하는 데 있지 않다. 모든 역사가는 물론 모리스코 편이다……. 스페인이 이들 근면하고 인구 증가율이 높은 모리스코인들로부터 벗어난 것이 잘한 일인가 못한 일인가는 것은 중요하지 않다. 스페인은 왜 그렇게 했는가? 무엇보다도 모리스코들이 동화되지 않고 있었기 때문이다. 스페인은 인종적 증오심(이것은 이 투쟁에서 거의 존재하지 않았던 것 같다)에 의해서가 아니라 문명의 증오심, 종교의 증오심에 의해서 움직였다. 그리고 그 증오심의 폭발인 추방은 스페인의 무력함을 자인한 것이다. 모리스코는 경우에 따라 한 세기, 두 세기, 세 세기가 지난 후에도 여전히 지난날의 무어인으로 남아 있었다는 것이 그 증거이다. 의상, 종교, 언어, 수도원적인 집, 무어식 목욕탕 등 그들은 모든 것을 고수했다. 그들은 서구의 문명을 거부했다. 그리고 이것이 바로 논의의 핵심이었다. 종교적인 측면에서의 몇 가지 빛나는 예외(예컨대 도시의 모리스코들은 점점 더 정복자들의 의상을 받아들였다는 부인할 수 없는 사실)는 아무것도 변화시키지 못한다. 모리스코들은 멀리 페르시아까지 펼쳐져 있는(스페인에서는 그것을 알고 있었다) 광대한 세계, 유사한 집과 유사한 언어, 동일한 믿음을 가진 그 세계에 마음 깊숙이 연결되어 있었다.

역사가는 심판하지 않고 이해한다는 원칙에 충실한 변론이지만, 그럼에도 불구하고 브로델의 이야기는 마치 이단 재판관의 이야기처럼 들린다. 비극의 책임을 피해자에게 돌리는 것은 부당하지 않은가? 세 번째 이유는 예상대로 콩종튀르이다.

만일 우리가 박해, 학살, 추방, 강제 개종 등 유태인들의 순교사를 연대순으로 정리해보면, 콩종튀르의 움직임과 잔인한 조치들 사이에는 상관관계가 있음이 드러난다. 잔인한 조치들은 언제나 경제의 악천후에 종속되어 그 뒤를 따랐다. 오로지 인간들, 제후들 또는 악한들(이들의 역할을 부정하는 것이 아니다)이 서구 유태인들의 평안과 번영에 종지부를 찍은 것은 아니다.

나는 자신들의 자유, 육신, 재산, 확신에 고통을 당한 사람들의 편에 선다. 따라서 스페인에서 나는 유태인들, 프로테스탄트,

모리스코……와 함께한다. 그러나 나를 지배하고 있는 이러한 느낌과 우리의 진정한 문제는 아무런 관계가 없다. 16세기의 스페인을 전체주의 국가, 나아가 인종주의 국가라고 말하는 것은 합리적이지 못하다. 당연한 일이지만 이러한 슬픈 모습은 동시대의 프랑스나 독일, 영국, 베네치아(재판 문서들을 통해 볼 때)의 경우도 마찬가지이다. 반복하자. 스페인에서나 터키에서나 또는 이제 세계사 속으로 편입되어 들어온 신세계에서나 콩종튀르라는 맹목적인 힘 역시 나름대로의 책임이 있다. 1492년 그라나다 점령 직후 유태인들을 추방할 때 가톨릭 왕들은 혼자가 아니었다. 승리, 그것은 언제나 그렇듯 나쁜 조언자였다. 또한 거기에는 경제적으로 음산한 기후, 잘 치료되지 않는 상처들이 있다.

냉정한 설명이다. 경제에만 콩종튀르가 있는 것이 아니다. 문명도 나름대로의 콩종튀르를 가지고 있다. 이렇게 콩종튀르로 설명하는 것은 결국 '인간'의 책임을 희석시키지 않는가 하는 의문을 불러일으킨다. 브로델이 강조하듯이, 역사는 '인간'의 역사이기에 더욱더 그러하다. 인간의 책임이 있는 경우 책임은 사회사의 공식대로 다수에게 돌아간다.

이교도들을 추방하고 1478년에는 스페인 이단 재판소를 설치하고 1536년에는 포르투갈 이단 재판소를 설치한 것은 정치 하나 만이 아니었다. 거기에는 또한 광신적인 민중, 대중이 있었다. 우리가 보기에, 이단 재판이 가증스러웠던 것은 희생자의 수(이 것은 비교적 적은 편이었다) 때문이라기보다는 그 절차 때문이 었다. 그것의 책임, 가톨릭 왕들의 책임, 스페인과 포르투갈의 지도자들의 책임이 다수의 근원적인 욕구에 의해 추진된 전투 에서 중요한 힘이었나?

외국 자본도 책임을 면치 못한다.

스페인은 1492년의 추방, 너무나 많은 개종자에 대한 박해, 그 리고 1609년부터 1614년까지의 모리스코들에 대한 분노라는 나 쁜 짓으로부터 큰 벌을 받았다고 말하지 말자. 이러한 나쁜 짓 들, 이러한 열정들은 스페인에게 영광을 가져다주었을지도 모 른다. 스페인의 영광은 정확히 1492년에 시작되어 17세기 중엽 정점에 달한다. 스페인에 대한 처벌은 어떤 연대를 선택하느냐 에 따라 한 세기 이상 혹은 40년 후에 찾아온다. 우리는 스페인 이 유태인들의 추방으로 강력한 부르주아지를 상실했다는 주장 을 받아들이지 않는다. 경제적인 부르주아지가 스페인에서 형 성되지 못한 것은 제노바의 은행가들이나 그 일당들의 자본주 의 같은 유해로운 국제 자본주의의 이식(移植) 때문이었다.

마지막으로 '운명'의 책임이 있다.

피의 순수성, 투명성의 비극이 스페인의 고통이요 처벌이었다
는 주장도 있다. 이러한 고통, 그 여파, 그 무시무시한 영향 등을
부정할 수는 없을 것이다. 그러나 17세기에 서구의 모든 사회는
바리케이드를 치고 사회적 특권을 신성시했지만, 그렇다고 해
서 그것이 스페인의 경우에서와 같은 그러한 이유가 되는 것은
아니다. 차라리 모든 문명은 원하건 원하지 않건 간에 자신의
운명을 향해 나아간다고 말하는 편이 더 나을 것이다. 내가 타
고 있는 기차가 움직이면, 옆에 있는 기차의 승객은 자기 자신
도 움직이는—반대 방향으로—느낌을 가지곤 한다. 마찬가지로
문명들의 운명도 상호 교차된다. 그들은 그것을 알고 있는가?
나는 그들이 그러리라는 것을 확신하지 못한다. 스페인은 정치
적 통일을 향해 나아가고 있었는데 16세기에 그것은 오로지 종
교적 통일로만 이해될 수 있었다. 한편 이스라엘은 디아스포라*
라는 자신의 운명을 따르고 있었다.

브로델은 다각도로 원인을 분석하고 책임 소재를 밝힌다.
콩종튀르가 주역이다. 『물질문명과 자본주의』에서는 콩종튀
르를 "우리의 길을 밝혀줄 유일한 수단"이요, "진리"라고까
지 격상시킨다. 그러나 콩종튀르라는 개념은 경제학자들이

이미 용도 폐기 처분한 개념이라는 점에서 브로델의 설명은 과학적 신뢰성이 떨어진다. 그리고 박해와 추방을 변호하는 듯한 논조는 기대 밖이다. 이러한 구조에서 콩종튀르까지의 설명이 설득력을 가지려면 화룡점정(畵龍點睛), 즉 인간적인 차원에서의 설명과 정치적인 설명이 수반되어야 하지 않을까 싶다. 그렇지 않으면 그것은 공허하다. 기독교가 불관용적인 모습을 보였던 것은 '인구'가 많았기 때문이 아니라 '박해하는 종교'였기 때문이라는 설명이 필요하지 않을까? 가톨릭 왕들의 탄압은 유태인과 모리스코들의 재산을 빼앗기 위한 수단이 아니었을까? 이러한 정치적인 설명은 멀리 제3부에서나 기대할 수 있는 것인가? 그러나 아쉽게도 그러한 설명은 나오지 않는다.

사건은 먼지인가

전통적인 역사의 중심인물인 "사건들, 정치, 사람들"이라는 제목을 붙인 『지중해』 제3부는 다음과 같이 독자들을 다소 맥 빠지게 하는 일화로 시작된다.

나는 사건들의 기호 아래에 있는 제3부의 출판을 많이 망설였다. 그것은 참으로 전통적인 역사와 결합되어 있다. 레오폴트 폰 랑케는 여기에서 자기의 충고, 자기의 글 쓰고 생각하는 방식을 확인할 수 있을 것이다. 그렇지만 전체사가 고정적인 구조와 완만한 변화의 연구로만 축소될 수 없다는 것도 사실이다. 항구적인 테두리, 변화하지 않는 사회, 불가능성에 갇혀 있는 경제, 시간의 마모를 견뎌내는 문명, 역사를 깊은 곳에서 파악하는 이러한 적법한 방식들은 내 생각에는 인간들의 과거의 본질을, 적어도 1966년에 우리가 본질적이라고 생각할 만한 것을 제공해준다. 그러나 본질만으로 '전체'가 되지는 않는다.

이미 '구조'와 '콩종튀르'의 연구로 지중해 세계의 '본질'은 충분히 파악되었다는 것이다. 브로델이 망설임 끝에 "사건들, 정치, 사람들"을 덧붙인 것은 '전체사'라는 목적에 도달하기 위함이었다. 단지 그것이었다. 그렇지 않았더라면 '사건들'의 역사를 첨가할 이유가 없었을 것이다. 제3부는 무엇인가를 설명하기 위함이 아니다. 아니, 제3부는, 제3부만으로는 무엇도 설명할 수 없음을 보여주기 위한 것이다. 그러니 제1부와 제2부를 읽고 제3부에서 '개인'과 '정치'의 무슨 역할을 기대한 사람들에게는 실망이 기다리고 있다.

사건들은 먼지이다. 사건들은 흐릿하고 짧은 불빛처럼 역사를 가로지른다. 생겨나자마자 그것들은 어둠 속으로 망각 속으로 되돌아간다. 그러나 아무리 순간적인 것이라 해도 사건들은 증언을 지니고 있으며 풍경의 한 귀퉁이나 때로는 역사의 심층적인 덩어리들을 밝혀준다. 정치사의 경우에만 그런 것이 아니다. 왜냐하면 모든 분야(정치, 경제, 사회, 문화, 심지어는 지리 분야조차도)는 사건적인 기호들, 간헐적인 빛들로 가득하기 때문이다. 우리의 앞 장(章)들은 이러한 날카로운 증언들을 사용했다. 그렇지 않았더라면 분명하게 바라보는 것이 불가능할 때가 많았을 것이다. 나는 사건의 적이 아니다. 그뿐이다.

모호한 구절이다. 사건은 먼지에 불과한 것이지만 나름대로의 증언을 지니고 있기 때문에 활용 가치가 있다는 것이다. 게다가 '구조'와 '콩종튀르'도 사건들로 채워진다고 설명한다. 다시 말하면 '먼지들'로 채워진다는 것이다. 구조와 콩종튀르가 먼지로 채워진다는 것이 이상하지 않은가? 이렇게 생각하면 이해가 될 것 같기도 하다. 역사를 구성하는 모든 것들이 본질적으로 '구조' '콩종튀르' '사건'으로 구분되는 것은 아니다. 구분하는 사람은 역사가이다. 그러므로 구조니 콩종튀르니 사건이니 하는 것들은 역사가의 구성물일 따름이다. 사건들 가운데 장기지속적으로 되풀이되는 사건들은 구조를 구성하고, 일정한 시간 계열에 들어가 주기적으로 순환하는 사건들은 콩종튀르를 구성한다. 나머지 사건들 가운데 구조와 콩종튀르에 포함되지 않는 사건들은 구조와 콩종튀르 위를 아무런 역사의 무게도 없이 떠다니는 먼지에 불과하다. 모든 사건이 먼지는 아닌 것이다. 이런 의미에서 브로델이 자기는 "사건의 적"이 아니라고 말한 것을 이해할 수 있을 것 같다. 그는 모든 사건의 적은 아니라고 말한 것이다. 그러나 먼지와 먼지가 아닌 것을 구분하는 것은 역사가들이니, 브로델이 아닌 다른 역사가는 다른 방식으로 구분하여 브로델이라면 먼지로 분류했던 것을 구조나 콩종튀르로 분류할 수도 있는 일이다. 새뮤얼 킨저가 시사했듯이, 정치 이데올로기나 행정제도의 발전 등은 장기지속적인 구조로 분류하고, 물이나 공기 오염 같은 환경적인 요소들은 반대로 '사건'으로 분류하는 것이 가능하기 때문이다.

이것은 우리가 브로델을 이해하는 한 가지 방식이다. 그러나 브로델의 용어 사용이 정밀하지 않음을 부정하기는 어렵다. 일례를 들어보자. 12세기 이후 지중해는 기독교 세계의 지배를 받는 평화로운 바다였다가 15세기 말부터 터키의 침투로 상황이 역전되기 시작했다. 브로델은 이것을 "거대한 사건"이라 부른다.

그것은 거대한 사건이었다. 프랑스 혹은 독일을 상대로 한 제국의 투쟁의 소음은 그것을 카를 5세의 역사의 뒷전으로 밀어냈다. 그러나 그것은 잘못이었다. 왜냐하면 이러한 대대적인 해상 침투가 시작되면서, 프랑수아 1세와 술레이만이 접근하면서 (1535년), 그리고 첫 번째 동맹 기간 동안(1538~1540년) 베네치아와 카를 5세가 어쩔 수 없이 연합하면서 전 바다의 운명이 결정되었기 때문이다. 기독교 세계는 거의 패배한 것이나 다름없었다. 분열이라는 잘못 때문에, 모두가 의심하는 술책을 마다하지 않았을 베네치아공화국의 숙적 도리아 공작의 잘못 때문에, 베네치아와의 연합을 충실하게 지킬 수도 없었고 원하지도 않았던 카를 5세의 잘못 때문에.(밑줄은 김응종의 강조)

거대한 사건이라는 용어가 가능한가? 거대한 '먼지' 라는 것이 있을 수 있는가 말이다. 그리고 위 인용문의 설명은 브로델이 거부한 전통적인 정치사의 설명 그대로이다. 전쟁과 정책으로 지중해의 운명이 '결정' 되었다고 설명하며 개인의 역할을 강조한다. 브로델은 사건의 적이 아닌 정도가 아니라, 사건의 친구가 아닌가 생각될 정도이다. 브로델이 무심코 이렇게 표현한 것은 아니다. 이러한 사건사적 표현은 여러 번 반복된다. 카를 5세의 군대가 프로테스탄트 군대를 상대로 승리를 거두어 결과적으로 슈말칼덴 동맹을 해체시킨 1547년의 뮐베르크 대전은 "독일과 유럽의 운명을, 그리고 결과적으로 지중해의 운명을 일거에 결정했다"고까지 단정하며, 1557년 스페인과 교황 사이의 평화조약은 "서유럽 역사의 전환점" 이었다고 평가한다. 사건이 역사를 결정했다는 것이니 전혀 예상치 못한 이야기이다.

반면 기독교 세계의 빛나는 승리였던 1571년 레판토 해전은 아무런 결과를 동반하지 않은 그야말로 '먼지' 같은 사건이었다고 말한다. 물론 전쟁 승리 직후 기독교 세계는 터키에 대한 열등감에서 벗어날 수 있었지만 그것은 오래가지 않았다. 레판토 승리 이후에도 터키에 대한 공포는 여전했기 때문이다. 레판토 해전 다음 해 기독교 연합군은 모동에서 패배했으며, 그 다음 해 기진맥진한 베네치아는 전쟁을 포기했고, 그리고 그 다음다음 해 터키는 라쿨레트와 튀니스에서 승리했다. 그러면 이제 터키가 지중해의 지배자가 되었는가? 전혀 그렇지 않았다. 레판토에서의 기독교 세계의 승리와 마찬가지로 튀니스에서의 터키의 승리 역시 지중해의 패권을 회복시켜주지는 않았다.

1574년의 승리 이후, 특히 1580년대 이후, 터키의 거대한 무적함대는 저절로 무너졌다. 1591년까지 지속될 바다에서의 평화는 무적함대에게는 최악의 재앙이었다. 그것은 무적함대를 항구에서 썩게 만들 것이다. 레판토가 그 자체만으로 많은 결과를 낳았다고 말하는 것은 지나치다. 그것은 거기에 일조했을 뿐이다. 그리고 그것의 이점은 하나의 역사적인 경험으로서 사건사의 한계를 표시해주는 빛나는 사례일 것이다.

평화가 재앙이었다는 이상한 논리이다. 지중해에서 더 이상 대규모 전쟁이 벌어지지 않은 것은 지중해가 역사의 중심에서 벗어났다는 증거일 수 있다. 다시 말하면 역사의 중심에서 벗어났기 때문에 전쟁이 벌어지지 않은 것이지 평화가 찾아왔기 때문에 역사의 중심에서 벗어난 것은 아니라는 것이다. 그러나 브로델은 전도된 논리를 반복하면서 '평화'를 단죄한다.

> 1574년 이후는 아니더라도 적어도 1580년 이후 터키의 해군이 (나는 분명히 해군이라고 말한다) 급속히 그리고 매우 격렬하게 쇠퇴한 것은 사실이다. 오토만의 해군을 죽인 것은 불활동, 지중해의 평화였다. (중략) 갑자기 지중해의 두 정치적 괴물인 합스부르크제국과 오스만제국은 싸우기를 포기했다.

평화 때문에 쇠퇴했다는 이야기는 비논리적이다. 로마제국은 평화 때문에 멸망했다는 유명한 논리를 연상시킨다. '전쟁'을 동인으로 보는 전통적인 역사학에서 벗어나려다 보니 엉뚱하게 '평화'를 동인으로 지목한 것인가? 평화라는 결과를 원인으로 착각하는 것은 아닌가?

지중해에 평화가 온 것은 스페인과 터키가 동시에 지중해를 포기했기 때문이다. 승리가 지배권을 회복시켜주지 않은 것은 스페인이나 터키나 지중해를 지배하려 하지 않았기 때문이다. 왜 그러했을까? 스페인의 관심은 이제 더 이상 지중해가 아니라 대서양이었기 때문이다. 터키 역시 지중해에서 페르시아로 관심을 돌렸기 때문이다. 지중해 세계가 거대한 역사의 바깥으로 밀려난 것은 이러한 관심의 이동 때문이었다. 브로델은 물리학적인 비유를 들어 설명한다.

> 역사의 리듬이 있다면 이것이 바로 그것이다. 그러나 이것은 모호한 역사이다. 역사가들이 개인들에게 집착한다면 말이다. 역사가들은 심층적인 움직임에 별로 관심을 기울이지 않는다. 터키가 외부 세계에 가하는 거대한 공격 전선들 사이에 필요한 균형을 잡아주는 이러한 정치 물리학에는 별로 관심을 기울이지 않는다.

"리듬"이란 터키의 힘이 아시아, 아프리카, 지중해, 발칸 반도 쪽으로 왔다 갔다 하는 것을 말한다. 터키는 이러한 리듬(순서라고도 말할 수 있을까?)에 따라 지중해에서 페르시아로 방향을 틀었다는 것이다. 브로델은 더 직설적으로 "시소 운동"이라고도 표현한다. "사건사는 이러한 거대한 진동을 설명할 수 없다"고도 말한다. 또 정반대 비유를 사용하여, 터키가 자기의 "운명"에 충실했다고도 말한다. 우리는 이러한 설명을 보면서 역사가가 역사학을 너무 기계적으로 보는 것이 아닌가, 또는 정반대로 운명적으로 보는 것이 아닌가 하는 생각을 하지 않을 수 없다. 그리고 이러한 것이 무슨 설명인지 하는 의문이 든다. 사실 확인을 설명이라고 설명하는 것은 아닌가?

이러한 "시소 운동"이니 "운명"이니 "진동"과 같은 비유적인 표현에서 벗어나 사실적인 설명을 한다면 아메리카 대륙으로부터의 은의 유입을 중시해야 할 것이다. 1579년부터 1592년에 대량으로 유입된 은이야말로 전쟁에서의 승리나 지중해의 평화, 폭발적인 사건이나 개인의 의지와 무관하게, 스페인의 관심을 대서양 세계로 이동시킨 역사적 인물이었다고 설명해야 옳을 것이다. 브로델이 이처럼 자명한 설명(사실 아메리카의 은을 중시하는 것은 브로델의 설명이기도 하다)을 피해서 기계적인 물리적 설명을 시도한 것은 아마도 '사건'의 역할을 부정하기 위함이 아니었을까 싶다. 브로델은 1598년 펠리페 2세의 죽음이 스페인 정치에 변화를 가져다주지 않았다고 강조하는 것으로 『지중해』 제3부를 마무리한다.

제3부의 중심인물인 "사건, 정치, 사람들"은 지중해를 떠다니는 부유물에 불과하다. 그들은 스스로 방향을 잡고 나아가는 것으로 알고 있지만 사실 방향은 이미 구조적으로, 콩종튀르적으로 정해져 있다. 그들은 밀려가는 것이다. 그들이 노력을 하면 방향을 조금 바꾸거나 시간을 조금 늦출 수는 있겠지만 전체적으로 별 차이는 없다. 역사의 진행은, 인간의 운

명은 사전에 정해져 있다는 것이다. 제3부에 나타난 '개인'은 피동적인 존재이며, 순응적인 존재이다. 인간은 구조와 국면이 만들어낸 감옥에 갇힌 수인에 불과하다.

사건이나 개인은 아무런 역할을 하지 못하는 것이기에, 지중해의 쇠퇴는 사건이나 개인에게서 시작된 것이 아니다. 브로델은 1571년 레판토 해전이나 1588년 스페인 무적함대의 궤멸과 같은 사건에서 지중해의 쇠퇴가 시작되었다는 주장을 일축한다. 이 무렵 지중해는 쇠퇴하지 않았다. 왜냐하면 아메리카 대륙에서 여전히 은이 대량 유입되고 있었기 때문이다. 지중해의 쇠퇴는 은의 유입에 고장이 발생하는 17세기 중엽에야 시작된다. 이렇게 사건이나 개인이 아니라 구조와 콩종튀르에 주목함으로써 역사가는 지중해의 역사적 삶을 연장시킬 수 있었던 것이다.

사건은 덧없고 개인은 무력하다. 사건과 개인은 존재했지만, 존재하지 않았더라도 역사의 방향에는 변함이 없었을 것이다. 지중해 세계의 쇠퇴를 막지는 못했을 것이다. 아메리카의 발견으로 인해 유럽의 무게는 이미 대서양으로 기울고 있었기 때문이다. 이렇게 제3부를 검토해보니, 우리는 아메리카의 발견과 은의 유입이라는 제2부의 주제가 더욱 중요하다는 것을 느끼게 된다. 그런데 제2부에서 브로델은 이러한 변화를 충분히 강조한 것인가? 도대체 '사건'이란 무엇인가?

따지고 보면, 아메리카의 발견이라는 것도 하나의 사건이 아닌가? 모든 사건이 다 먼지인 것은 아니고 정치적 사건만이 먼지라지만, 아메리카의 발견은 정치적인 사건으로만 구분될 수 있는 것인가? 정치, 경제, 사회, 문화 등 이런 것들은 분석의 필요에 의해 불가피하게 나누는 기술적인 구분이지 실제의 세계에서는 나눌 수 없는 것이 아닐까? 제3부를 나오면서 과연 사건이란 무엇인가 하는 생각을 하게 된다. 브로델의 구조-콩종튀르-사건이라는 구분은 자의적인 구분이며 역효과를 일으킨 것은 아닌가 하는 생각이 남는다. 월러스틴의 비판이 생각난다.

브로델이 무리하게 사건을 경시하고 사건사를 배격한 것은 아마도 제2차 세계대전에서의 패배라는 충격적인 체험 때문일 것이다. 그 '사건'이 역사와 인간의 운명을 결정한다는 것을 거부하고 싶었기 때문일 것이다. '사건'은 우연적이고 일시적이며 덧없는 것이기에 머지않아 해방을 맞이할 수 있으리라는 희망을 이렇게 표현한 것이 아닐까 싶다.

인간의 자유와 구조

    브로델은 제1부 "환경의 몫", 제2부 "집단의 운명과 전반적인 움직임", 제3부 "사건들, 정치, 사람들"을 기술한 다음, "결론"으로 『지중해』의 대장정을 마감하고 있다. 다행이 "결론"은 길지도 않을뿐더러 우리의 기대대로 그러나 예의 그 독특한 문체로 인간의 자유와 구조의 문제를 언급하고 있다. 여기에 전문을 소개하니 독자들이 직접 브로델의 설명 방식을 맛보기 바란다.

***

    이 책이 발표된 지도 거의 20년이 되었다. 그동안 이 책은 인용,

비판(대단히 적은), 칭찬(너무나 잦은) 등을 받아왔다. 나는 설명을 보완하고, 관점을 방어하며, 내가 취한 입장들에 대해서 숙고하고, 잘못을 수정할 기회를 적지 않게 가졌다. 나는 재판(再版)을 준비하기 위해서 전부를 다시 숙독했으며, 많은 부분에 손질을 가했다. 그러나 책이라고 하는 것은 저자의 손을 떠나 외부에 존재하며, 자체의 삶을 가지고 있다. 책을 좀 더 낫게 만들고, 주석과 세부 사실, 지도와 도해 등으로 꾸미는 것은 가능해도, 그것을 근본적으로 바꿔버리는 것은 불가능하다. 베네치아의 선박이 도시 밖으로 팔려나가 능숙한 목수들에 의해 공들여 개조되고 보완되는 일이 자주 있었지만 그래도 그것은 여전히 바로 그 선박이어서, 달마티아에서건 네덜란드에서건 일단 조선소에서 나오면 즉시 식별되었다.

교정자의 후속적인 노력에도 불구하고, 이 책의 구판(舊版)을 읽은 독자들은 여기에서 그것을 알아보는 데 어려움이 없을 것이다. 그것의 결론, 그것의 메시지, 그것의 의미 등은 변함이 없다. 그것은 근대 초의 모호한 시대 그리고 지중해라고 하는 거대한 무대 구석구석에 널려 있던 엄청나게 많은 새로운 자료들을 통해서 연구된 것이다. 게다가 그것은 세 개의 연속적인 등록부, 또는 세 개의 층계참을 따라 일종의 전체사를 시도한 것이다. 나로서는 '세 개의 상이한 시간을 따라'라는 표현이 더 적절할 듯싶은데, 그것은 이 책의 목적이 과거의 다양한 시간 모두를 그 가장 넓은 폭 안에서 파악하는 데, 그것들의 공존, 방해, 충돌, 다양한 두께 등을 제시하는 데 있기 때문이다. 내가 바라는 역사는 여러 개의 목소리로 부르는 노래와 같은 것이다. 몇몇 목소리는 죽는 경우가 너무나 많기는 하지만 말이다. 솔로로 목소리를 키우고 다른 동반자들을 밀어내는 목소리가 있다. 따라서 실제 속에 층층이 쌓여 있는 이러한 상이한 역사들을 어떻게 한순간의 공시성 속에서, 그리고 일종의 투화(透化) 프로세스에 의해서 파악할 수 있을 것인가? 나는 몇몇 용어, 몇몇 설명, 그리고 이 책의 제1부와 제2부, 제3부에 공통적으로 적용되는 주제 등을 도처에서 빈번하게 다시 사용함으로써 그러한 문제를 해결하고자 했다. 그러나 어려움, 그것은 두 개나 세 개의 시간이 아니라 각각 나름대로의 역사를 내포하고 있는 수십 개의 시간이 존재한다는 데 있다. 인간 과학들(이것들은 역사학의 과거 이해에 이용된다)의 묶음 속에서 파악된 그것들의 총화만이 전체사를 구성하는데, 그것의 모습을 전반적으로 재구성하기는 대단히 어렵다.

I

내가 이 역사서에 대단히 많은 분량의 지리적 시론을 덧붙인 것을 비난한 사람은 아무도 없다. 이 책은 이 지리적 시론으로 시작한다. 그것은 마치 시간의 외부에 존재하는 것처럼 인식되고 있는데, 그것의 이미지와 실제는 이 책의 첫 페이지에서 마지막 페이지까지 끊임없이 존재한다. 창조적인 공간, 수로들의 놀라운 자유(에르네스트 라부르스가 말했듯이 그것의 자동적인 자유 교환), 다양하고 유사한 땅, 움직임의 소산인 도시들, 보충적인 인구, 태생적인 적대감 등을 가지고 있는 지중해는 인간들에 의해 끊임없이 되풀이되어 만들어져 왔지만, 그러나 그것은 항상 의무적인 설계도, 가차 없는 자연, 대체로 야만적이며 자신의 초장기지속적인 적대감과 구속을 강요하는 자연으로부터였다. 모든 문명은 건축이며, 어려움이고, 긴장이다. 즉, 지중해의 문명들은 흔히 가시적인 수만 가지의 장애물에 대해 투쟁했으며, 대체로 투박한 인적 자원을 사용했고, 내해를 에워싸고 있는 거대한 대륙에 대하여 맹목적으로 끝없이 싸움을 벌였다. 심지어는 인도양이나 대서양 같은 광대한 바다와 맞부딪쳤다.

따라서 나는 지리적 관찰의 테두리와 씨실에 따라 국지적인 것들, 항상적인 것들, 부동적인 것들, 반복적인 것들, 지중해적 역사의 '규칙성들'을 탐구했다. 사람들의 옛날 삶에서의 '모든' 구조들이나 단조로운 규칙성이 아니라, 그중에서 가장 중요한 것들, 매일매일의 존재와 관련 있는 것들을 말이다. 이러한 규칙적인 것들이 이 책의 기준 설계도이며 특권적인 요소이자 가장 생생한 이미지인데, 그것들의 앨범을 완성하는 일은 어렵지 않다. 그것들은 마치 무시간적인 것처럼 오늘날의 생활에서, 여행의 우연에서, 또는 가브리엘 오디지오, 장 지오노, 카를로 레비, 로랑스 뒤렐, 앙드레 샹송 등의 책에서 우연찮게 발견된다. 내해(內海)를 한 번쯤은 본 적이 있는 서구의 모든 작가에게 내해는 역사의 문제로, 좀 더 잘 말한다면 '장기지속'의 문제로 나타난다. 나는 오디지오처럼, 뒤렐처럼, 고대의 세계가 오늘날의 지중해 해변에서 발견된다고 생각한다. 로데스에서, 키프로스에서, "드라곤의 연기 가득한 술집에서 카드놀이를 하고 있는 어부들을 보라. 그러면 너는 옛날의 그 율리시스가 어떠했는지 알 수 있을 것이다." 나는 또한 카를로 레비가 생각하는 것처럼 그의 아름다운 소설 『예수는 에볼리에서 멈추었다』의 진정한 주제인 잃어버린 지방은 시간의 어둠 속에 박혀 있다고 믿는다. 에볼리(루이 고메즈는 여기에서 자신의 제후명을 땄다)는 살레르노 부근 해안에 위치해 있으며, 이곳의 도로는 바다를 떠나 곧바로 산속으로 빠져든다. 예수(말하자면 문명, 공평, 삶의 부드러움)는 루카니아의 고지대 쪽으로, 갈리아노의 마을까지, "백색 점토의 벼랑 위로", 풀도 없고 나무도 없는 계곡으로 나아갈 수 없었다. 여기에서 가난한 카포니들은 옛날과 마찬가지로 오늘날에도 오늘날의 새로운 특권층들에게 정기적으로 부당하게 뜯기고 있다. 이를테면 약사, 의사, 교사 등 농민들이 회피하고 두려워하고 경원하는 사람들…… . 여기에서는 벤데타, 비적

(匪賊), 원시적인 경제나 도구 등이 지배적이다. 한 이민자가 아메리카에서 수많은 이국적인 새로움, 놀라운 도구 등을 가지고 버려진 마을로 되돌아온다. 그는 이 고립된 고졸한 세계를 전혀 변화시키지 못할 것이다. 지리학자(여행자나 소설가)의 눈이 없다면, 지중해의 심층적인 모습의 진정한 윤곽, 억압적인 실체들을 파악할 수 있을지 의문이다.

II

우리의 두 번째 작업(16세기 지중해의 집단적인 운명, 그 가득한 의미에서의 '사회사'를 끄집어내는 것)은 처음부터 결론에 이르기까지 그들의 물질적인 삶의 악화라는 음험하고도 연속적인 문제에, 그리고 지난날의 역사가들의 언어를 사용한다면 터키, 이슬람, 이탈리아, 이베리아의 우위의 연쇄적인 몰락에, 또는 오늘날의 경제학자들의 언어를 사용한다면 엔진 부분(공공재정, 투자, 산업, 해운)의 파열과 고장 등에 부딪치는 것이었다. 독일의 사상을 배우고 자랐건 그렇지 않건 역사가들은 자체적인 붕괴의 과정이라는 것이 있으며, 로마제국의 운명은 그것의 완벽한 사례를 제공해준다고 주장했다(가장 최근의 인물은 오트마르 스판과 그의 보편주의 학파의 충실한 제자인 에릭 베버일 것이다). 여러 가지 규칙들 가운데 하나는, 에릭 베버에게 있어서, 모든 쇠퇴는 다른 지역에서의 동시적인 상승에 의해 보상되기 때문에, 결국 사람들의 공동의 삶에서는 아무것도 잃은 것이 없는 셈이 된다. 토인비나 슈펭글러의 주장들도 이에 못지않게 딱딱하다. 나는 이들의 지나치게 단순한 시각들과 거기에 내포된 거대한 설명들에 동의하지 않는다. 실제로 이들 도식 가운데 어떤 것에다 지중해의 운명의 사례를 어려움 없이 위치시킬 수 있을 것인가? 쇠퇴의 모델이 하나만 있는 것은 아니다. 각각의 사례는 그것의 토대적인 구조들에 입각해서 새로운 모델을 만들어야 한다.

사람들이 쇠퇴라는 부정확한 말에 부여하는 의미가 무엇이든지 간에 지중해는 돌이킬 수 없으며 특히 무엇보다도 때 이른 후퇴의 광범위한 과정의 고분고분하고 체념적인 제물이 아니었다. 1949년에 나는, 후퇴는 1620년에 이르러서야 가시화되었다고 말한 바 있다. 지금 나는, "이에 대해 완전히 확신하는 것은 아니지만" 1650년 이후에 이르러서라고 말하고 싶다. 어쨌든 최근 10년 사이에 나온 지중해 지방의 운명을 다룬 가장 훌륭한 세 권의 책, 프로방스에 대한 르네 베렐의 책, 랑그독에 대한 엠마뉘엘 르 루아 라뒤리의 책, 카탈루냐에 대한 피에르 빌라르의 책은 내 생각을 지지한다. 이제 누군가 지중해의 우위에 마침표를 찍은 거대한 단절 이후의 지중해의 새로운 전체적인 파노라마를 재구성하려 한다면, 그는 1650년 심지어는 1680년이라는 늦은 연대를 선택해야 할 것이다.

또한 그는, 국지적인 연구들이 점점 더 정확성을 높여줌에 따라 내가 이 책에서 성장과 국가 재정에 사로잡혀 있는 경제학자들(프랑스의 경우 프랑수아 페루, 장 푸라스티에, 장 마르체프스키)의 사상과 접근하면서 (이들의 불완전한 시도들이 말하는 것 이상으로) 몰두했던 계산, 산정, 어림짐작의 연구 같은 것을 계속해야 할 것이다. 이러한 길로 나아가면 머지않아 하나의 확증을 얻게 될 것이다. 즉, 16세기의 지중해는 우선적으로 농민, 소작농, 지주들의 세계라는 것을, 곡물 수확은 가장 중요한 사건이며, 그 나머지 것들은 모두 하나의 상부구조, 즉 축적의 결과, 도시로의 부당한 우회의 결과라는 것을. 무엇보다도 농민들, 무엇보다도 곡물, 말하자면 사람들의 식량, 사람들의 수, 이것이 바로 이 시대의 운명을 말없이 규정했다. 단기적으로도 장기적으로도 농업적인 삶이 명령을 내린다. 그것은 늘어난 인구의 무게를, 농촌과는 달리 눈부신 도시의 사치를 지탱할 것인가? 이것이 바로 매일매일의, 매 세기의 가장 중요한 문제였다. 그 나머지는 여기에 비하면 아무것도 아니었다.

예컨대 이탈리아에서는 16세기가 끝날 무렵 농촌으로의 대대적인 투자가 진행되었다. 나는 여기에서 때 이른 쇠퇴의 신호를 보는 것을 주저한다. 그것은 차라리 건강한 반동이라 할 만한 것이었다. 이탈리아에서는 이렇게 해서 소중한 균형이 유지되었다. 여기서 말하는 것은 물질적인 균형이다. 왜냐하면 사회적으로는 강자들이, 대토지 소유자들이 커다란 피해를 입혀 오랫동안 빈곤 상태에 빠뜨렸기 때문이다. 카스티야에서도 마찬가지였다. 오늘날 역사가들은, 물질적인 균형이 이곳에서는 17세기 중엽까지 지속되었다고 말한다. 이것은 우리의 이전 관찰을 수정해준다. 나는, 1580년대의 짧고도 격렬한 위기는 스페인 제국이 포르투갈과 대서양으로 단순 복귀함으로써 일어났다고 믿었다. '고상한' 설명. 얼마 전에 펠리페 루이즈 마르틴은 그것은 무엇보다도 1580년대에 있었던 이베리아반도의 대곡물 위기에 의해 촉발된 과정일 뿐이었다고 밝혀주었다. 따라서 대체로 에르네스트 라부르스의 도식에 따르면, "앙시앵 레짐의 위기."

요컨대 제반 위기들에 대한 콩종튀르의 역사의 경우에도 대체로 다음과 같이 말해야 할 것이다. 구조 즉 느린 역사 우선. 모든 것, 예컨대 도시들의 위업(1949년에 나를 놀라게 했던, 문명 우선!) 같은 것들, 그뿐만 아니라 콩종튀르 역사(경우에 따라서는 대단히 짧은 움직임 속에서 모든 것을 휘젓거나 하는 듯이, 마치 그 자체는 어떤 것으로부터도 명령을 받지 않는다는 듯이 모든 것을 성급하게·설명해버리는 역사) 또한 이러한 기본적인 해수면에서 비교되어야 한다. 사실 이러한 움직임들에서부터 그리고 삶이 부단히 부딪히는 이러한 부동성에서부터 서서히 새로운 경제사가 만들어질 것이다. 가장 요란한 소리를 내는 것이 가장 중요한 것은 아니라는 점은 주지의 사실이다.

어쨌든 지중해의 영예가 완결된 것은 1590년대에 있었던 세기적 경향의 반전과 더불어도 아니고, 1619~1621년의 단기적 위기의 도끼질에 의해서도 아니다. 또한 나는 현재로서는, 유럽의 북부와 남부 사이에는 고전적인 콩종튀르들의 파국적인 간극이 존재했다고 믿지 않는다. 만일 그러한 것이 존재했다면, 그것은 지중해의 번영에 죽음을 가한 동시에 북유럽의 우위를 건설했을 것이다. 이중적인 설명, 이중적으로 능률적인 설명, 그러나 그것은 가시적이지 못하다.

느림과 급함, 구조와 콩종튀르 사이의 이러한 벌어짐이 현재까지도 진행 중인 논쟁의 핵심이다. 이러한 움직임들을 어떤 것이 어떤 것에게 명령을 내린다는 등의 사전 확신을 갖지 않고 분류해야 한다. 그것들을 확인하고, 분류하고, 비교하는 것이 역사가들의 첫 번째 관심사요 과제이다. 불행하게도 16세기와 17세기의 "국민소득"의 전반적인 변동을 추적하는 것은 아직 불가능하다. 참으로 유감스러운 일이다. 그러나 이제부터는 툴루즈에 대한 질 카스테르의 연구와 파비아에 대한 카를로 치폴라와 쥬세페 알레아티의 연구에 힘입어 도시의 콩종튀르들을 문제삼을 수 있게 되었다. 도시들은 가격과 임금의 통상적인 곡선과 마찬가지이거나 보다 더 실제적인 콩종튀르들을 자체의 복잡한 삶 속에 기록하고 있다.

마지막 문제는 상충하는 연대를 조화시키는 것이다. 예컨대 경제적인 시간이 좋을 때 또는 나쁠 때 나름대로의 요구와 의지를 가지고 있는 국가나 문명 등은 어떻게 변동했는가? 나는 국가와 관련해서 문제를 제기했다. 즉, 어려운 시기는 국가들의 상대적인 전진을 용이하게 해줄 것이다. 문명의 경우에도 마찬가지일까? 문명은 대체로 어려운 시기에 빛을 발한다. 도시-국가들의 가을에 심지어는 겨울에(베네치아와 볼로냐에서) 이탈리아의 마지막 르네상스가 만개했다. 이스탄불이나 로마, 마드리드 같은 지중해의 거대한 제국들의 강력한 문명은 가을에 펴져나갔다. 16세기 말, 17세기 초에 빛나는 그림자들은 세기 중반의 거대한 정치기구가 살았던 바로 그 지역을 맴돌았다.

III

이러한 문제들에 비해볼 때 사건들과 개인들의 역할은 왜소해진다. 관점의 문제. 그렇다면 우리의 관점은 정당한 것인가? 사건들의 경우 "우리가 첫 번째 자리를 부여해준 그들의 공식적인 행렬은 제반 경관들, 인간의 근본적인 구조를 거의 바꾸지 못한다"고 지중해에 매료된 오늘날의 소설가 로랑스 뒤렐은 생각했다. 그렇다. 그러나 역사가들과 철학자들은 나에게 다음과 같은 질문을 던졌다. 이러한 게임에서 인간, 인간의 역할, 인간들의 자유는 어떻게 되는 것인가? 나아가 철학자 프랑수아 바스티드는 나에게 동의하지 않았다. 모든 역사는 전개요 실행이기에, 세기적 경향 역시 하나의 '사건'이라고 말할 수 있지 않을까? 그럴지도 모른다. 그러나 폴 라콩브와 프랑수아 시미앙의 뒤를 이어 내가 이 역사적 삶의 광대한 바다에서 '사건들'이라는 이름으로 제쳐놓은 것은, '짧은' 사건들, 격정적인 사건들, 요컨대 전통적인 역사학의 바로 그 '괄목할 만한 사실들'이었다.

그렇다고 해서 내가 이러한 빛나는 먼지들이 아무런 가치가 없다거나, 전체사적인 재건축은 이러한 미시사로부터 시작될 수 없다고 주장하는 것은 아니다. 게다가 그것이 생각나게 해주는 (내 생각에는 그릇되게 생각나게 해주는) 미시 사회학이 나쁜 평판을 얻고 있는 것도 아니다. 그것은 반복적인 데 반해 사건들의 미시사는 일회적이요 예외적이다. 사실 그것이 문제 삼고 있는 것은 일련의 '사회극'이다. 베네데토 크로체는 인간 역사의 총체는 모든 사건(예컨대 1610년 앙리 4세의 암살, 또는 우리의 시대를 벗어난다면 1883년 쥘 페리 내각의 출범) 속에서 포착될 수 있다고 했는데 일리가 없지는 않다. 인간의 역사는 각각의 음이 소리를 내는 오선지이다.

어쨌든 나는 철학자가 아니기 때문에 사건들의 중요성과 인간의 자유에 관해 나에게 제기되었고 또 앞으로도 제기될 많은 문제를 놓고 길게 논하는 데는 별로 흥미를 느끼지 못한다는 점을 고백한다. 다양한 의미를 지니고 있으며 시대마다 동일한 의미를 지닌 적이 없던 자유라는 말에 대해 우선 합의를 보아야 할 것이다. 그리고 최소한 집단들의 자유와 개인들의 자유를 구분해야 할 것이다. 1966년에 프랑스라는 집단의 자유란 무엇인가? 1571년 당시 한 덩어리로서의 스페인의 자유, 말하자면 스페인의 가능한 게임은 정확히 무엇이었는가? 또는 펠리페 2세의 자유는? 또는 자신의 선박들, 동료들, 부하들과 함께 바다 한복판에 버려진 돈 후안 다우스트리아의 자유는? 나에게 이러한 자유들은 모두 감옥과 다름없는 조그만 섬에 불과하다.

이러한 한계들의 비좁음을 확인하는 것이 역사 속의 개인의 자유를 부정하는 것일까? 나는 그렇게 생각하지 않는다. 우리는 단지 두 번이나 세 번 치는 정도의 선택밖에 할 수 없을지도 모른다. 그래도 문제는 계속 제기된다. 당신은 타격을 입힐 수 있습니까? 효과적으로 입힐 수 있습니까? 이러한 것들을, 이러한 것들만을 당신이 할 수 있다는 것을 아십니까? 다소 역설적이지만 나는 위대한 행동가는 자신의 가능성의 한계를 정확히 측정하고 이를 견지할 뿐만 아니라 심지어는 불가피성의 무게를 이용하여 이것을 자신의 고유한 힘에 덧붙이는 사람이라고 결론을 내리고 싶다. 역사의 심층적인 흐름(이것이 항상 눈에 띄는 것은 아니다)에 역행하는 모든 노력은 이미 사전에 유죄 선고를 받은 것이다.

이렇듯 나는, 언제나 인간은 자신이 만들어내지 않은 운명 속에, 그의 앞과 뒤에 펼쳐진 '장기지속'의 무한한 전망 속에 갇혀 있다고 생각한다. 이러한 역사적 설명 속에서 옳건 그르건 간에 최종적으로 승리를 거두는 것은 언제나 긴 시간이다. 긴 시간은 무수히 많은 사건을 부정하고, 자신의 고유한 흐름 속으로 끌고 들어오지 못하거나 가차 없이 내팽개치는 모든 것을 부정하는 등 확실히 인간의 자유와 우연의 몫을 제한한다. 나는 기질적으로 '구조주의자'이다. 사건에 의해서는 거의 자극을 받지 않으며, 동일한 기호를 가진 사건들의 집합인 콩종튀르에 의해서는 절반 정도만 자극을 받는다. 그러나 역사가의 '구조주의'는 동일한 이름으로 다른 인간과학자들을 괴롭혀왔던 문제와는 아무 관계가 없다. 그것은 함수로 표현되는 관계들의 수학적 추상화로 역사가를 이끌고 가지 않는다. 그것은 역사가를 삶의 원천 그 자체로 인도한다. 가장 구체적이고, 가장 일상적이며, 더 이상 파괴할 수 없는, 가장 익명적으로 인간적인 삶 속으로 말이다.

1965년 6월

2장

자본주의의 전망

『물질문명과 자본주의』

    이 장에서는『물질문명과 자본주의』를 분석한다. 앞 장에서는 책의 구조를 따라 분석 소개했으나, 여기서는 책의 구조를 따르지 않고 중심 테마를 선택하여 분석할 것이다. 아래의 목차를 보고도 대략 짐작할 수 있지만, 브로델의 역사 세계는 참으로 방대하기 때문이다. 그것은 책의 제목 그대로 전(前)산업화 시대의 세계경제사이다. 그러니 편의상 몇 가지 테마를 선택하지 않을 수 없다. 어떤 기준으로 테마를 선택할 것인가? 브로델에 의하면, 15세기부터 인류는 하나가 되기 시작했다. 그때까지 인류는 상이한 행성에 사는 듯 갈라져 있었다. 각각의 행성은 독창적이고 고유한 문명을 가지고 있었다. 상이한 문명권들이 15세기 이후 서로 만나고 뒤섞이면서 새로운 질서를 형성하는 것이다. 질서라는 것은 지배와 피지배의 위계적 관계의 수립이다. 최종적으로 유럽이 이 같은 새로운 질서의 정상에 자리 잡는다. 브로델이 이 책에서 시도한 것은 유럽의 성공 원인을 찾는 것이었다.

> 서양과 다른 대륙들 사이의 차이는 뒤늦게 생긴 것이며, 오늘날 너무나도 흔히 그렇게 하는 것처럼 그 차이를 단순히 시장경제의 합리화에 기인하는 것으로만 보는 것은 분명히 단순론자의 견해라는 점이다. 어쨌든 시간이 갈수록 굳어져 가는 이 차이를 설명하는 것은 근대 세계사의 핵심 문제를 다루는 것이다.

서양의 역사가들은 도시를 서양과 동양의 차이를 설명하는 중요한 요소라고 말한다. 브로델도 예외는 아니다. 도시를 핵(効)으로 해서 유럽 세계-경제가 형성되었고, 이러한 교환 시스템의 지속적인 작동을 통해 자본주의가 발전했다고 본다. 자본주의가 발전하는 시기는 국민국가가 발전하는 시기였다. '자유'를 생명으로 하는 도시에, 국가의 압박을 피할 수 없는 동시에 국가가 보장해주는 특권의 혜택을 누리는 이중적인 상황이 도래한 것이다. 국가는 도시의 발전, 다시 말하면 자본주의의 발전을 돕기도 하고 저해하기도 하는 이중적인 존재이다. 그러니 유럽에서의 도시와 국가의 관계를 살펴보는 것이 중요하다. 도시는 브로델의 설명 모델인 세계-경제의 상층부에 위치하며, 세계-경제를 활성화시킨다. 도시를 이해하는 것은 세계-경제(론)를 이해하는 지름길이다. 세계-경제는 교환을 매개로 움직이기에, 교환이 자본주의의 본가(本家)라는 것이 브로델의 기본 설명 틀이다. 따라서 도시, 세계-경제, 자본주의는 결국 같은 것이다. 이 장은 세 가지 동일한 관점을 통해 브로델의 역사 세계를 살펴보고, 그 일관성 여부를 따져보는 기회가 될 것이다. 마지막으로, 브로델의 설명 체계를 유럽중심주의라는 거울에 비추어볼 것이다. 최근 국내에서 브로델을 유럽중심주의 역사가로 단죄하는 경향이 있으니만치 이는 매우 시사적인 논제이다. 테마 분석으로 들어가기에 앞서 독자들에게 『물질문명과 자본주의』의 목차를 보여준다. 한 사람의 역사가가 이렇게 방대한 규모의 책을 쓸 수 있다는 것이 참으로 놀랍다.

제1권 일상생활의 구조

제1장 수(數)의 무게

　　세계의 인구: 만들어낸 수 / 참조를 위한 척도 / 18세기에 마무리된 생물학적 앙시앵 레짐 / 다수 대 소수

제2장 일상의 양식: 빵

　　밀 / 쌀 / 옥수수 / 18세기의 식량혁명 / 세계의 다른 지역

　제1권은 피에르 쇼뉘가 말한 "세계의 무게 재기"이다. 뤼
시앵 페브르의 『16세기의 무신앙 문제』와 마찬가지로 시대
의 한계, 가능성과 불가능성의 경계 알아보기이다. 페브르가
정신적 한계를 쟀다면, 브로델은 물질적 한계를 쟀다. 『지중
해』의 제1부에서처럼 '구조'를 확인하는 것이다. 『지중해』
에서는 지리적 구조였다면, 여기서는 의식주 같은 일상생활
의 구조이다. 제1권은 그 자체만으로도 전산업화 시대 사람
들의 장기지속적인 의식주 생활을 소개하는 '일상생활사'로

『물질문명과 자본주의』 1권(2006년판)(좌) 『물질문명과 자본주의』 2권(2005년판)(중앙) 『물질문명과 자본주의』 3권(1997년판)(우). (Armand Colin).

서의 가치를 지닌다.

제2권은 교환의 세계이다. 교환은 시장을 통해 투명하게 이루어지기도 하지만 진짜 중요한 교환은 시장 위에서 불투명하게 이루어진다는 것이 브로델의 주장이다. 그 불투명한 교환이 바로 자본주의이다. 전(前)산업화 시대에는 생산이 아니라 교환이 자본주의의 본가(本家)라는 주장에서 교환중심주의를 엿볼 수 있다.

제3권은 『지중해』에서처럼 연대기적 설명이다. 그러나 여기에서의 중심인물은 '먼지'와 같은 사건이나 개인이 아니라 '세계-경제'이다. 브로델의 설명이 산업혁명에서 일단락된다는 것은 그만큼 산업혁명의 '혁명성'을 강조한 것이라 볼 수 있다. 산업혁명은 제1권에서 확인한 시대의 물질적 한계를 넘어서게 해준다. 자본주의의 본가도 상업에서 산업으

로 이행한다. 그러면서도 상업자본주의 - 산업자본주의 - 금융
자본주의의 단선적인 진화를 거부하고, 이 세 가지 형태의 자
본주의가 공시적인 현상이라고 주장하는 것이 브로델의 독
특한 자본주의론이다.

도시와 국가

　처음에는 시골이 있었다. 그러다 도시가 시골에서 분리되어 나왔다. 이것은 가장 오래되고 가장 혁명적인 분업이다. 젊은 시절 마르크스는 "도시와 시골 사이의 대립은 야만으로부터 문명으로, 부족 체계로부터 국가로, 지방으로부터 민족으로 이행해가는 것과 함께 시작되었으며, 오늘날에 이르기까지 문명사 전체에서 재발견할 수 있다"고 썼는데, 브로델 역시 같은 생각이다. 단순화시키면 도시는 문명이다. 도시는 전환점이고 단절이며 세계의 운명이다. 도시가 등장하고 문자 기록을 사용하기 시작하면서 도시는 역사의 문을 열었다. 11세기 유럽에서 도시가 부활했을 때 유럽의 흥기(興起)가 시작되었다. 이탈리아에서 도시가 만개한 것이 바로 르네상스였다. 위대한 성장의 시기는 모두 도시의 팽창으로 표현된다. "도시가 성장의 원인이며 기원일까 하고 묻는다면 그것은 자본주의가 18세기의 경제성장이나 산업혁명에 대해 책임이 있는 것인지를 묻는 것이나 마찬가지로 불필요한 질문"이라고 브로델은 단정한다. 도시에서 문명이 나오고 도시에서 역사 발전의 에너지가 나온다. 비유컨대 도시는 변압기요 모터이다.

서로마제국의 멸망으로 고장 났던 서유럽의 도시가 모터로서의 기능을 재개하는 것은 11세기 이후이다. 그 힘을 어디에서 찾을 수 있을까? 물론 인구 증가가 있었다. 특히 브로델에게서 인구적 설명은 대단히 중요하다. 그러나 어떻게 해서 인구가 증가했는지에 대해서도 설명해야 한다. 내부적으로는 9세기 이래 시작된 농업기술상의 진보(쟁기의 개선, 가축 사육을 위한 개방경지를 갖춘 삼포제 등)를 생각할 수 있다. 브로델은 농업의 발달을 유럽 팽창의 근본 요인으로 보는 린 화이트의 권위를 거부하지 않는다. 브로델이 상업적 요인을 무시할 리 없다. 외부적으로는 모리스 롱바르처럼 상업의 발달을 중요한 요인으로 꼽는다. 일찍부터 이슬람권과 비잔티움제국에 연결되어 있던 이탈리아는 오리엔트에서 활발히 진행되고 있던 화폐경제에 접속한 후 유럽에까지 그것을 전파했기 때문이다. 브로델은 모든 요인을 종합한다. 인구 증가, 농업기술 발전, 상업의 부활, 수공업의 발전 등이 동시에 일어나 도시의 망을 창출했으며, 종국에는 유럽 및 지중해 세계 차원의 교역망을 형성했다는 것이다.

　도시는 도로, 시장, 수공업장, 그리고 도시 안에 축적되는 화폐 등을 통해서 확실한 미래를 보장받았다. 13세기 이후 도시는 농업적인 성격을 유지하던 예전의 단계를 넘어선다. 가내경제로부터 시장경제로의 전환이 이루어진 것이다. 그러나 상당수의 도시 가운데 밝은 미래를 맞이한 것은 소수에 불과했다. 몇몇 지역만이 심층적으로 도시화되고 다른 지역들과 차별화되면서 모터 역할을 했다. 이곳에서는 상인, 길드, 산업, 원거리 무역, 은행 같은 것들이 빠르게 성장했고, 나아가 부르주아지와 자본주의가 성장했다. 이 특별한 도시들의 운명은 시골의 발전에만 연결되어 있었던 것이 아니라 국제무역에도 연결되어 있었다. 도시를 모터로 하는 자본주의 발전에 원거리 무역은 특히 중요한 역할을 했다.

　도시는 성곽으로 둘러싸여 있었지만 고립되어 있었던 것은 물론 아니다. 도시는 농촌과 교역했고 인근 도시와 교역했다. 도시의 본질은 교역이다. 도시들은 교역망 속에서 위계적으로 조직되어 있다. 수위(水位)가 같으면 물이 흐르지 않듯이, 위계적이면 위계적일수록 전압 차이가 발생하여 교역이 활발해진다. 브로델은 이러한 물리적인 비유를 즐겨 사용한다.

　도시가 변압기와 모터의 역할을 충실하게 수행할 때 세계-

경제가 작동한다고 말할 수 있다. 그러면 언제부터 이러한 세계-경제가 존재했는가? 세계-경제가 진정으로 존재한다는 것은 교역망이 촘촘한 그물코를 가지고 있어서 중심 지역에 활기를 불어넣을 정도로 교환이 규칙적이고 대량으로 이루어지는 때를 뜻한다. 11세기 이후 장기적인 경제 상승의 결과 여러 곳에 중심이 형성되었다. 13세기 초에 샹파뉴 정기시(定期市)가 융성하면서 비로소 네덜란드 지역에서 지중해에 이르는 전역에 통일성이 이루어졌다. 그러나 이것은 막간 에피소드에 불과했다. 왜냐하면 이전에 이미 네덜란드와 북부 이탈리아가 고전압 상태로 발전해 있었기 때문이다. 이 두 지역이 없었다면 샹파뉴에서의 회합은 불가능했다. 유럽은 하나의 극지방이 아니라 두 개의 극지방을 가지고 있었다. 유럽 대륙 전체를 북부 이탈리아와 넓은 의미의 네덜란드로 갈라놓는 이 양극성은 수세기 동안 지속될 것이다. 브로델은 이것이 "유럽사에서 아주 중요한 특징 중의 하나이며 어쩌면 가장 중요한 사항일지도 모른다"고 강조한다.

이렇게 유럽 경제의 중심은 양극 간의 투쟁의 대가를 통해서 형성되었다. 지중해가 오랫동안 구대륙의 중심 무대로 남아 있었던 만큼 이탈리아가 16세기까지도 승리를 구가했다. 그러나 1600년경에 유럽이 동요하면서 북쪽에 유리하게 되었다. 암스테르담의 등장은 흔히 일어나는 하찮은 일이 아니었다. 그것은 단지 무게중심이 안트베르펜에서 홀란트로 이동했다는 것이 아니라, 심층적인 위기가 일어났음을 의미했다. 오랫동안 번영을 누리던 지중해와 이탈리아가 완전히 침체에 빠지자 유럽은 이제 하나의 무게중심을 가지게 되었다.

암스테르담의 등장과 함께 베네치아같이 제국주의적인 구조와 성향을 가진 도시들의 시대도 끝이 났다. 암스테르담의 역사적 경험이 제공하는 흥미로운 점은 이것이 경제적인 헤게모니의 두 국면, 즉 도시가 지배하는 국면과 근대국가 및 국민경제가 지배하는 국면 사이에 위치한다는 것이다. 두 번째 국면은 영국의 지원을 받는 런던과 함께 시작된다. 유럽은 성공을 거듭함에 따라서 팽창해갔고, 급기야는 18세기 말에 전 세계를 껴안게 된다. 이렇게 팽창한 유럽의 한가운데에서 지배적인 중심 지역도 전체의 균형을 위해 커질 수밖에 없었다. 주변 경제의 불충분한 원조를 받는 '도시'만으로는 더 이상 충분하지 않았다. 이리하여 영토국가가 뒤를 잇게 된 것이다. 요컨대 세계-경제의 중심 이동을 일람해보면 지중해에서 북유럽으로 중심이 이동했으며, 도시에서 영토국가로 헤게모니가 넘어갔다.

이제 서양과 동양을 비교하면서 도시와 국가의 역할을 짚어보자. 우선 규모를 비교해보자. 유럽의 도시들은 동양의 도시에 비해 인구가 적었다. 중세 말 독일에서 도시의 특권을 부여받은 곳은 3000여 곳이었고, 도시의 평균 인구는 400명이었다. 사실 도시라고 하기도 어려운 규모이다. 15세기 중반부터 재개된 인구 증가로 서유럽의 도시들은 인구가 늘어났을 뿐만 아니라 수직 방향으로의 변화를 강요당했다. 제노바, 파리, 에든버러 등지에서는 10층까지 지어졌다. 1515년에 네덜란드는 도시 인구 비율이 50퍼센트를 넘을 정도로 도시화가 진행되었다. 1750년경에 이미 조밀한 상태에 있던 일본은 총인구 2600만 가운데 22퍼센트가 도시 인구였다. 오랫동안 대도시는 동양에서만 볼 수 있었지만 서양에서도 도시가 비대해지기 시작했다. 암스테르담의 인구는 1530년에 3만, 1630년에 11만 5000, 18세기 말에 20만이었으며, 런던의 인구는 1563년 9만 3000, 1580년 12만 3000, 1593~1595년에 15만 2000, 1632년 31만 7000, 1700년 70만, 그리고 18세기 말에 86만이었다. 1609년 에도(현 도쿄)의 인구는 100만, 교토는 40만, 오사카는 30만이었다. 1793년 베이징의 인구는 무려 300만이었는데 시의 면적은 런던보다 훨씬 좁았다. 『지중해』에서 브로델은 서양의 도시들이 강력한 도로망으로 연결되어 있었던 반면, 극동의 도시들은 "단지 인구 과잉"이었을 뿐이라고 비교한 적이 있다. 비대한 극동의 도시들은 서유럽의 도시들과 같은 민첩성과 유연성을 지니지 못했다는 말이다. 그런데 민첩성과 유연성이란 무엇인가? 그것은 바로 자본주의 정신이었다.

유럽의 도시들은 다른 지역의 도시들에 비해 독특한 성격을 가지고 있었으니, '자유'가 바로 그것이다. 이것은 유럽의 역사가들이 이구동성으로 말하는 것이고, 브로델 역시 이에 동참한다. "유럽의 도시는 비교할 수 없는 자유를 누리고 있었다." 그리고 이러한 '자유' 도시들이 "작은 대륙 유럽을 위대하게 만든 요인이었다." 유럽 도시의 이러한 특징은 중세도시에서 상징적으로 나타난다. 고대 도시 역시 자유로운 공간이기도 했지만 농촌 지역 주민들의 유입에 개방되어 있었다. 이에 비해 중세도시의 성벽은 자유로운 시민과 예속적인 농민을 갈라놓았다. "도시의 공기는 사람들을 자유롭게 만든다"라는 독일 속담이 있다. 도시는 유럽의 부흥을 주도했다. 비유컨대 그것은 마치 효모가 밀가루 반죽을 부풀리는 것과 비슷했다.

국가의 발전은 도시의 자유를 훼손했을까? 도시와 국가의 관계는, 특히 브로델의 설명 체계에서 매우 중요하다. 유럽의 도시들은 시골과 국가권력으로부터 해방되었다. 이른바 자치도시이다. 해방은 폭력적으로 이루어지기도 했고 비폭력적으로 이루어지기도 했으나, 언제나 그것은 강력한 힘, 풍부한 돈, 세력의 표시였다. 이 특권적인 도시들 주변에 더 이상 국가의 힘은 미치지 못했다. 13세기에 정치적 몰락을 겪은 이탈리아와 독일의 경우가 그러했다. 프랑스, 영국, 카스티야, 심지어 아라곤 같은 곳에서는 영토국가가 꽤 일찍이 재생되었다. 영토국가는 도시에 제동을 걸었고, 도시들은 별다른 활력이 없는 공간 속에 갇히게 되었다. 이곳의 도시들은 다른 곳보다 느리게 발전했다.

서유럽에서의 '기적'은 도시들이 5세기의 재난으로 폐허가 되었다가 11세기부터 다시 생겨난 것이 아니다. 왜냐하면 유럽만 재생을 경험한 것이 아니기 때문이다. 기원전 5세기에서 기원전 2세기까지의 그리스, 9세기 이후의 이슬람 세계, 송나라 시대의 중국도 그러한 재생을 경험했다. 매번 재생 기간에는 국가와 도시라는 두 주자가 경쟁했다. 대개는 국가가 승리했으며, 그러면 도시는 국가에 복종하고 강력한 완력 밑에 눌려 지냈다. 그런데 유럽은 그렇지 않았다. 브로델은 다음과 같이 강조한다. "이에 비해 유럽의 위대한 도시의 세기에 일어난 기적은 도시가 완전한 승리를 거두었다는 것이다. 적어도 이탈리아, 플랑드르, 독일 등지에서는 그러했다."

물론 도시와 국가의 관계사에서 최종 승리를 거두는 것은 유럽의 경우에도 국가이다. 그러나 국가는 승자이면서도 도시의 제도와 심성의 계승자였으며, 도시 없이는 지낼 수 없었다. 중요한 것은 도시는 국가 때문에 어느 정도 자유를 상실했지만 특권적 지위를 계속 유지했으며, 군주에게 봉사하면서 모든 것 위에 군림했다는 점이다.

유럽에서 도시는 최초의 '조국'이었으며, 이곳에서의 애국심은 그 뒤에도 오랫동안 영토국가에서의 애국심보다 더 일관성 있고 더 의식적인 것이었다. 그러나 인도와 중국에서는 그렇지 않았다. 인도와 중국에서는 사회 신분구조가 도시의 자유로운 운명을 방해했다. 도시가 독립을 이루지 못한 것은 관리들이 탄압했거나 군주가 상인과 일반 시민에게 잔인하게 대했기 때문만이 아니었다. 그것은 사회가 일종의 결빙 상태에 있었기 때문이다. 인도에서는 카스트제도가 도시 공동체들을 사전에 분할하고 해체했다. 중국에서의 성씨 숭배는 서유럽에서 도시를 만들어낸 것과 유사한 융합을 이루지 못하도록 방해했다. 중국의 도시는 국가에 대항하거나 시골의 폭발적인 위력에 대항해서 도시를 대표할 만한 권위를 가지고 있지 못했다. 시골이야말로 생명력 있고 활기찬 중국의 핵심이었다. 공무원들과 영주들이 사는 도시는 장인들의 것도 아니고 상인들의 것도 아니었다. 이곳에서는 부르주아 계급이 편안하게 성장하지 못했다. 부르주아 계급이 자리를 잡더라도 관리들의 호화로운 삶에 이끌려 스스로를 '배신'하게 되었다. 서양에서 부르주아가 국가와 결탁한 것은 배신이라기보다는 안전한 투자요 변신이었던 데 반해, 중국의 경우에는 '배신'이었다.

유럽의 도시가 자유를 향유할 수 있었던 요인 가운데 하나는 국가의 발전이 지체되었기 때문이다. 반대로 중국에서는 국가가 너무 강력하여 도시의 자유를 허용하지 않았다. 유럽의 도시들은 국가의 비위를 맞추면서 특권을 받아 발전한 반면, 중국의 도시들은 통제만 받았다. 중국에서 시장경제가 허약했던 것은 아니었다. "다시 반복하거니와 중국은 활기에 넘치는 리듬을 가진 시장경제와 그에 따른 모든 것을 가지고 있으면서도 자본주의라는 상층구조를 발전시키지 못한 완벽한 예이다." 국가 때문이었다. 유럽의 경우 시장경제를 통제하는 것은 시장경제 위에 군림하는 자본주의였던 반면에, 중국에서는 경제의 계서화가 이루어지지 못해 자본주의가 등장할 수 없었다. "제국의 행정이 계서화를 가로막았기" 때문이다. 유럽 내에서도 프랑스가 자본주의 발전에서 뒤쳐진 것은 상대적으로 국가의 간섭이 지나쳤기 때문이다. 17세기에 만주족의 점령과 함께 시작된 중국의 위기는 도시의 자유와는 반대 방향으로 최종 해결되었다. 중국은 국가로 기운 반면, 유럽은 도시로 기울었다. 그리고 유럽의 도시들은 유럽을 앞으로 전진시켰다. 동양의 도시들에 비해 서양의 도시들이 극복할 수 없는 어려움에 봉착하지 않은 것은 "전체주의적인 독재나 자의적인 지배자의 독재 같은 것이 없었기 때문이다." 그리고 보니 브로델은 부지불식간에 '정치'의 중요성을 강조하고 있는 것이 아닌가?

유럽 세계-경제의 발전

'세계-경제'라는 개념을 체계화시킨 사람은 이매뉴얼 월러스틴이다. 이 미국의 사회학자는 1974년에 발표한 『근대세계체제 I: 자본주의 농업과 16세기 유럽 세계-경제의 기원』에서 역사학자들의 실증적인 연구를 토대로 '세계 체제론'을 정립했다. 이 책에 등장하는 무수히 많은 역사가들 가운데 월러스틴에게 가장 직접적으로 영향을 준 사람이 바로 페르낭 브로델과 마리안 말로비스트이다. 우리가 앞에서 살펴보았듯이, 브로델은 지중해 세계의 자연환경, 그 위에 인간이 건설한 도시, 교통망, 상업의 발전, 중심 도시들의 이동 등을 관찰하면서, 그리고 16세기의 인구를 계산하고, 거리를 재고, 소요 시간을 측정하면서 "그 자체로 거의 충분한 하나의 세

계” “자율적이고 자신 위에서만 사는 데 익숙해져 있는 두 개
의 경제” 등을 발견했다. 『지중해』에는 다음과 같이 세계-경
제의 개념이 나타난다.

> 이 약 60일의 세계는 대충 말해서, 확실히, 하나의 세계-경제, 그
> 자체로서 하나의 세계이다. 이 세계에서 모든 것이 엄격하고 권
> 위적으로 조직되어 있는 것은 아니지만, 그러나 질서의 커다란
> 선은 그어져 있다. 따라서 모든 세계-경제는 하나의 중심을, 즉
> 다른 지역에 충격을 주어 관건이 되고 있는 통일성을 자력으로
> 세우는 데 결정적으로 중요한 지역을 인정한다. 명백히 이 지중
> 해의 중심은 15세기에도 16세기에도 베네치아, 밀라노, 제노바,
> 피렌체의 긴밀한 도시 사변형이다.

"60일의 세계"라는 말은 하나의 세계-경제를 횡단하는 데
60일 걸린다는 뜻이다. 다시 말하면 16세기 지중해 세계-경
제의 시간폭은 60일인 것이다. 그리고 이 60일의 시간폭은
비단 16세기 세계-경제에만 해당하는 것이 아니었다. 고대
로마 시대의 경우에도, 그리고 심지어는 1939년에도 그러했
다. 브로델은 『물질문명과 자본주의』 제3권에서 월러스틴의
설명 체계를 준거 삼아 나름대로의 체계화를 시도하고 있으
니, 먼저 월러스틴의 설명을 들어볼 필요가 있다.

15세기 말에서 16세기 초에 유럽 세계-경제라 할 만한 것이 생겨났다. 그것은 제국은 아니었지만 대제국만큼이나 넓었으며, 제국과 같은 몇 가지 특징을 지니고 있었다. 하지만 제국과는 다른 새로운 것이었다. 그것은 이전의 세계에서는 실로 찾아볼 수 없는 일종의 사회체제인바, 바로 그것이 근대세계체제(modern world-system)의 뚜렷한 특징이다. 그것은 제국, 도시국가, 민족국가 등과는 달리 경제적 실체이지 정치적 실체가 아니다. 사실 정확히 말해서 그것은 그 범위(경계선을 말하기는 어렵다) 안에 제국들, 도시국가들, 그리고 이제 막 등장하는 '민족국가들'을 담고 있다. 그것은 하나의 '세계' 체제이다. 그것이 전 세계를 담고 있다고 해서가 아니라, 법적으로 규정된 어떤 정치적 단위보다도 더 크기 때문이다. 그리고 그 체제의 부분들 사이를 잇는 기본적인 연결점이 경제적인 것이기 때문에 그것은 하나의 세계-경제(world-economy)이다.

'세계-경제'와 '세계경제'는 다르다. 세계경제는 그야말로 전 지구적인 경제를 지칭하는 반면, 세계-경제는 제국과 같은 넓은 지역에서 이루어지는 경제를 지칭한다. 세계가 아니라 세계의 부분임에도 불구하고 '세계-경제'라고 부르는 이유는 그 안에서는 경제생활이 자기 충족적으로 이루어지기에, 설사 외부 세계와의 교류 없이도 생존할 수 있기 때문이다. 그리고 그것을 '세계-경제'라고 부르는 이유는 각 부분들을 연결시켜주는 것이 정치가 아니라 경제이기 때문이다. 이러한 점에서 세계-경제는 경제 제국이라고도 생각할 수 있다. 이것은 정치 제국과는 중요한 차이가 있다. 월러스틴의 설명을 들어보자.

제국의 정치적 중앙집권화는 그 강점이자 동시에 약점이었다. 강점이란, 그것이 강압(공납과 과세)을 통해, 그리고 교역의 독점적 이익을 통해 주변부에서 중심부로의 경제적 흐름을 보장해주는 것이다. 약점은 그 정치적 구조 때문에 필요했던 관료제가 이익 가운데 너무나 많은 부분을 삼켜버리는 경향이 있다는 것이었는데, 그것은 특히 억압과 착취가 반란을 부르고 또 이것이 군사적 지출을 증대시켰기 때문이다. 정치적 제국들은 경제적 지배의 원시적 수단이다. 지나치게 거추장스러운 정치적 상부구조의 '낭비'를 없앰으로써 잉여가 하층에서 상층으로, 주변부에서 중심부로, 다수에서 소수로 더 많이 흘러 들어갈 수 있게 하는 기술을 발명한 것이야말로 근대세계가 이룩한 사회적 성과라고 할 만한 것이다.

'세계-제국'과 세계-경제는 비슷한 면적의 '세계'를 지배한다. 그렇지만 정치적 강압에 의해서 유지되는 세계-제국은 효율적이지 못하다. 월러스틴의 용어인 세계-제국은 제국이 단독으로 세계-경제의 전 공간을 차지하는 구식의 구성체로, 경제에 대해 정치가 우월한 형태이다. 무굴제국의 인도, 중국, 이란, 오스만제국, 차르 통치하의 모스크바 대공국 등이 여기에 해당한다. 월러스틴에 의하면, 제국이 존속하는 한 그 기저에 있는 세계-경제는 발전할 수 없고 성장이 저지된다. 이것은 존 힉스가 말한 지시경제라고 할 수 있고, 마르크스가 말한 아시아적 생산양식이라고도 할 수 있다. 브로델은 시장경제가 고사된 사회주의 경제도 여기에 해당한다고 말하는 것 같다. 경제는 제국의 요구와 제약에 잘 적응하지 못한다. 이곳에서는 어떤 상인도 어떤 자본가도 자유롭게 활동할 여지가 없다. 세계-제국은 교역을 활성화시키지 못하기 때문에 자본주의로의 발전을 저해한다.

세계-경제는 세계-제국으로 변질될 가능성이 많으며 또 실제로 역사는 그러한 사례를 많이 보여준다. 유럽 역시 예외는 아니었으나, 일찍이 세계-제국이라는 질식 상태에서 벗어났다. 카롤링 제국과 오토 제국은 유럽을 장악하지 못했으며, 가톨릭교회는 유럽 전 공간으로 자신의 문화를 확장하는 데 성공했지만 정치적 우위를 확보하지는 못했다. 16세기에 들어 유럽 세계-경제가 다른 세계-경제들처럼 제국으로 전락하지 않고 지속적으로 팽창한 것은 자본주의를 장착했기 때문이다. 따라서 월러스틴에 의하면, 16세기 유럽 세계-경제는 "자본주의적 생산양식에 근거한 유럽 세계-경제"이다. 이것은 유례가 없는 것이었다. 그리고 이 자본주의적 세계-경제와 경쟁했던 다른 세계-경제들, 예컨대 터키 세계-경제나 중국 세계-경제 등은 모두 '제국'의 성격을 지니는 것이었다. 유럽 '세계-경제'가 최종적으로 '세계경제'가 된 것은 자본주의 덕분이다. 중국 세계-경제가 그 우월한 잠재력에도 불구하고 패배하고 만 것은 '세계-제국'으로 전락하고 말았기 때문이다. 월러스틴과 브로델은 그렇게 말한다.

세계체제는 중심부와 주변부 사이의 교역에 의해서 발전한다고 말하는 것은 체제 내적인 힘을 강조하는 것이다. 유럽 세계-경제가 전 세계를 지배하게 된 것은 우연적이고 외적인 힘의 도움을 받아서가 아니라 내적인 힘의 축적과 팽창 덕분이다. 다시 말해서 유럽 세계-경제가 팽창한 것은 흔히 비판하듯이 식민주의 무역과 제국주의 도용 덕분이 아니라 무엇보다도 유럽 자체의 고유한 역동성 덕분이다. 한마디로 세계체제의 특징은 "발전 원동력이 내재적이라는 점이다." 유럽 중심주의적인 해석이라는 의심을 받을 만한 대목이다.

이제 브로델의 "법칙들" 속으로 들어가 보자. 역사가는 세계-경제를 "경제적으로 독자적이며 핵심적인 것들을 자급자족할 수 있고 내부적인 연결과 교역이 유기적인 통일성을 이루는 단위"라고 정의한 후, 세계-경제의 "경향적인 법칙들"
을 제시한다.

> 어떤 세계-경제를 설명하든지 간에 우선적으로 신경 쓸 것은 그
> 것이 차지하고 있는 공간을 한정하는 일이다. 그것의 경계는 서
> 서히 변하기 때문에 보통 손쉽게 식별할 수 있다. 세계-경제가
> 일정한 지역을 차지하고 있다는 것이 그것의 첫 번째 존립 조건
> 이다. 자기 고유의 공간을 가지고 있지 않은 세계-경제는 없다.

세계-경제가 하나의 공간을 차지하고 있다는 것은 지당한
말씀이다. 그런데도 브로델이 공간과 경계를 강조한 이유는
어디에 있을까? 첫째는 '지리'에 대한 각별한 관심을 들 수
있다. 일정한 경계를 가진 공간 안에서 환경과 인간의 상호
관계를 규명하는 것을 목표로 한, 비달 드 라 블라쉬 지리학
의 영향이다. 어쩌면 월러스틴이 세계-경제를 정의하면서
"경계선을 말하기는 어렵다"고 한 말을 의식했는지도 모른
다. 브로델에 의하면, 이러한 공간 개념은 다음 세 가지 이유
에서 의미심장하다.

첫째, 공간은 일정한 경계를 가진다.

둘째, 공간은 하나의 도시와 하나의 자본주의에게 유리하
도록 하나의 중심을 가지고 있다. 여러 개의 중심이 있다면

그것은 이 세계-경제가 아직 젊거나, 아니면 반대로 퇴화하거나 격변을 겪고 있다는 표시이다. 외부 혹은 내부의 힘의 작용으로 중심이 흔들리기도 하고 실제로 이동하기도 한다. 국제적인 소명을 맡은 도시들, 즉 세계-도시들은 끊임없이 서로 경쟁하고 서로 자리를 빼앗는다.

셋째, 이 공간 내에서는 각각의 개별경제들이 위계를 이루고 있다. 그중 어떤 것들은 가난하고 어떤 것들은 소박한 수준을 면치 못하는 반면, 중심에 위치한 하나의 경제만 상대적으로 부유하다. 이로부터 불평등과 전압차가 발생하는데, 이것이 전체를 작동시키는 힘이 된다. 이것이 국제 분업을 야기한다.

이제 이 세 법칙을 좀 더 자세히 살펴보자.

첫 번째 법칙. "세계-경제의 공간은 서서히 변화한다." 한 세계-경제의 경계선은 다른 세계-경제가 시작하는 곳에 위치한다. 세계-경제의 변경에는 일반적으로 무인 지대나 무인 해역과 같은 침체된 지역이 존재한다. 유럽 세계-경제는 서쪽으로는 대서양에 갇혀 있었다. 『지중해』에서 관찰했듯이, 항해는 물론이고 심지어는 전쟁도 육지가 바라보이는 연안에서 행해지는 것이 고작이었다. 이러한 상황에서 15세기 말에 유럽이 '지리상의 발견'을 통해 단번에 경계를 확장한 것은 '기적'이라 할 만한 일이었다. 이렇게 세계-경제와 세계-경제는 상호 차단되어 있었다고 보는 것은 이미 이 시대에 전 지구적으로 하나의 '세계경제'가 형성되어 있었고 그 중심은 말하자면 중국이었다는 안드레 군더 프랑크의 주장을 반박하는 것이라고 생각할 수 있다.[1]

두 번째 법칙. "중심부에는 지배적인 자본주의 도시가 있다." 세계-경제는 언제나 중심점 역할을 하는 도시를 가지고 있다. 이곳으로 정보, 상품, 자본, 크레딧, 인력, 주문, 상업 서신이 몰려 들어왔다가 빠져나간다. 이곳은 대개 극히 부유한 대상인들이 지배하고 있다. 이런 초도시(super-ville)들의 가장 두드러진 특징은 아주 일찍부터 뚜렷한 사회적 분화가 이루어졌다는 점이다. 이곳에는 프롤레타리아, 부르주아지, 그리고 도시 과두 귀족이 나뉘어 있다. 도시의 우월한 지위는 이동한다. 이것은 최정상에서만 타당한 '진리'가 아니고, 도시 계서(階序)의 모든 수준에서 타당한 '진리'이다. 암스테르담이 안트베르펜을 대신하고 런던이 암스테르담의 뒤를 잇고 또 1929년경 뉴욕이 런던을 대체한 것 등은 모두 거대한 역사적 변동의 예들이며, 이전의 균형이 얼마나 허약했는지 그리고 새로 막 들어선 균형이 얼마나 강한 힘을 가지고 있는지를 보여준다. 이로 인해 세계-경제의 전 영역이 영향을 받는다. 브로델은 중심 도시의 이동이 얼마나 결정적인 영향을 끼쳤는지를 보여주기 위해 동양과 서양에서 예를 들고 있다.

1421년에 명나라가 양자강을 통해서 해상 항해와 직접 연결되는 장점이 있는 남경을 버리고 만주와 몽골 지방으로부터의 위험에 대처하기 위해서 북경으로 천도한 것은, 중국이라는 거대한 세계-경제가 결연히 방향을 전환한 중요한 사건이었다. 이것은 바다의 편익을 이용한 경제 형태와 활동 양태에 대해서 중국이 등을 돌린 것을 의미한다. 귀를 막고 좁은 곳에 눌러앉은 대도시 북경은 대지의 한복판에 뿌리를 박고 모든 것을 자신에게로 끌어당기려고 했다. 이것이 의식적인 선택이든 무의식적인 선택이든 간에 분명히 결정적인 중요성을 가지는 것은 사실이다. 이 순간부터 세계의 패권을 놓고 싸우는 경쟁에서 중국은 지고 들어가게 되었다. 자신은 알지 못했겠지만 중국은 15세기 초에 남경으로부터 해상 모험을 시도한 이후 이 경쟁에 돌입해 있었던 것이다.

"해상 모험"이란 정화(鄭和) 제독의 원정을 말한다. 이것은 중국의 해군력이 얼마나 강했는지 또 그것이 유럽 세계-경제에 얼마나 위협적이었는지를 보여주는 상징적인 사건으로, 브로델은 이 사건을 여러 차례 인용하고 있다. 중국과 마찬가지로 세계-경제의 패권을 놓친 스페인의 경우에도 중심 도시의 이동은 역사적 책임을 면하지 못한다. 스페인과 중국은 여러모로 닮은 점이 많았다.

스페인의 국왕 펠리페 2세는 포르투갈을 정복하고(1580년) 그의 정부를 리스본에 세운 다음 약 3년 동안 그곳에서 머물렀다. 이때 리스본은 엄청난 비중을 가지고 있었다. 대양을 마주하고 있는 이 도시는 전 세계를 지배하고 통제하는 데는 이상적인 곳이었다. 국왕과 정부 주재라는 든든한 배경을 등에 업고 스페인 함대는 1583년에 아조레스제도에서 프랑스인들을 축출하고 포로들을 별다른 재판 없이 배의 활대에서 교수형에 처하기도 했다. 그러므로 1582년에 정부가 리스본을 떠난 것은 제국의 경제를 잘 통제할 수 있는 중심지를 포기한 것이었다. 그러고는 스페인의 힘을 카스티야의 활기 없는 중심부인 마드리드에 가두어놓게 되었다. 이 얼마나 큰 실수인가! 오래 전부터 양성되어온 무적함대는 1588년에 대패했다.

만일 스페인이 수도를 옮기지 않았다면 어떠한 일이 발생했을까? 브로델은 다음과 같이 단언한다. "확실한 사실은 만일 리스본에 스페인 국왕이 상주해서 그 덕분에 이 도시가 승리를 구가했다면 암스테르담의 발전은 존재하지도 않았거니와 적어도 그렇게 빨리 나타나지는 못했으리라는 점이다. 왜냐하면 세계-경제의 중심에는 한 번에 오직 하나의 극점이 있을 수 있기 때문이다." 다시 말해서 역사의 진행을 바꾸었다거나 적어도 지체시켰을 것이라는 것이다. 이쯤되면 '사건'은 더이상 '먼지'가 아니다!

중심 도시의 경제적·정치적 지배에는 정도의 차이가 있다. 베네치아, 안트베르펜, 제노바, 암스테르담, 런던 순으로 이어지는 지배 도시들 가운데 앞의 세 도시는 경제적 지배를 위한 수단들을 완벽하게 갖추지 못했다. 14세기 말에 베네치아는 번영을 누리던 상업 도시였다. 그러나 이곳은 공업과 관련해서만 활력을 얻고 있었으며, 재정 및 은행 체제를 갖추고 있었다고는 해도 크레딧 체제는 베네치아 경제 내에서만 작동하는 내부 모터에 불과했다. 안트베르펜은 항해 선단을 가지고 있지 못했다. 제노바는 13~14세기의 피렌체가 그랬던 것처럼 은행업에서만 우위를 차지하고 있었는데, 이곳이 중요한 역할을 맡을 수 있었던 것은 아메리카 은의 지배자였던 스페인 국왕을 고객으로 두고 있었기 때문이다. 아울러 16~17세기에 유럽의 중심지가 확실하게 정해지지 않았기 때문이다. 안트베르펜은 더 이상 중심지가 아니었고 암스테르담은 아직 중심지가 못 된 중간 시기였던 것이다. 암스테르담과 런던부터는 경제적인 힘을 완벽히 갖춘 세계-도시들이 되었다. 이런 도시들은 제해권에서 상공업의 확대와 크레딧 도구의 완전한 발달에 이르기까지 모든 영역을 장악했다. 경제적인 차이 못지않게 정치적인 차이도 뚜렷하다. 베네치아는 1204년부터 식민 제국을 보유하고 있던 강력한 독립국이었다. 이와 반대로 안트베르펜은 정치 세력을 전혀 가지고 있지 못했다. 제노바는 정치적 독립은 포기한 채 돈이라고 하는 지배 도구만 추구했다. 암스테르담은 네덜란드 연방을 지배한 것과 다름이 없었다. 런던과 함께 모든 것이 변했다. 이 거대한 도시는 영국의 전국시장을 지배했다.

세 번째 법칙: "여러 권역들은 위계를 이루고 있다." 중심부, 꽤 발달한 반주변부, 그리고 외부의 거대한 주변부가 그것이다. 어느 한 지역에서 다른 지역으로 옮겨갈 때마다 사회, 경제, 기술, 문화, 정치 질서의 질과 성격이 바뀐다. 중심부는 가장 발전해 있고 가장 분화된 것들을 가지고 있다. 중심부에는 두려움과 동시에 찬탄의 대상인 역동적인 국가가 강하고 공격적이고 특권적인 상태로 존재한다. 15세기의 베네치아, 17세기의 네덜란드, 18세기와 19세기의 영국, 오늘날의 미국이 그런 경우이다. 두 번째 동심원은 이런 이점을 나누어 가지기는 하지만 일부분밖에 가지고 있지 못하다. 인구가 희박한 거대한 주변부는 고졸하고 지체되어 있으며 쉽게 착취당한다. 세계-경제의 한쪽 구역에서 다른 쪽 구역으로 통과해보는 것은 한 시대 내에서도 임금노동에서 농노제로, 노예제로 수백 년의 시간을 거슬러 가는 것이다.

중심부와 주변부 사이에는 교환이 이루어지는데 이는 불평등 교환이다. 경제의 초보적인 순환인 시골과 도시 사이의 교환이 불평등 교환의 훌륭한 예이다. 근대화가 진행되면서 경제의 우위성은 더욱 강화되어, 경제는 다른 질서들을 교란하고 영향을 미친다. 경제는 불평등을 더욱 확대하며 세계-경제의 동반자들을 양극화시킨다. 불평등 교역은 불평등을 낳고 불평등은 교역을 활성화시킨다. 성장은 성장을 낳고 빈곤은 빈곤을 낳는다. 부유한 나라는 더욱 부유해지고 가난한 나라는 더욱 가난해진다. 부유한 나라가 부유해지는 것은 부유하기 때문이요, 가난한 나라가 가난해지는 것은 가난하기 때문이다. 세계-경제 내에서의 교환은 당연히 국제적인 교환이기 때문에, 폴 스위지가 말하듯이, 부유한 국가와 가난한 국가를 나누는 장벽은 국가 내에서 부르주아지와 프롤레타리아를 나누는 장벽보다 더욱 근원적이다. 또 이것은 로자 룩셈부르크의 주장이기도 하다. 노동자와 자본가로만 구성된 순수한 자본주의에서는 소비 즉 수요의 결여로 잉여가치의 실현이 불가능하기 때문에, 제3자 즉 국내 중산층이나 식민지가 존재해야만 잉여가치가 실현되고 자본 축적이 가능하다는 것이다. 브로델은 월러스틴의 세계-경제 분석 틀이 타당하다고 확신한다. 그러나 유럽의 자본주의적 세계-경제의 시점에 대해서는 월러스틴과 견해를 달리한다.

나는 유럽의 세계-경제가 이매뉴얼 월러스틴이 고집하듯이 16세기에 탄생한 것이 아니고 그보다 훨씬 일찍 탄생했다고 본다. 사실 월러스틴을 괴롭힌 문제는 마르크스가 제기한 문제였던 것 같다. 유명한 그 문장을 다시 한 번 더 인용해보자. "자본의 전기는 16세기에 시작된다." 월러스틴이 보기에 유럽 세계-경제는 자본주의를 배태하고 있는 과정이다. 이 점에서는 나 역시 그에게 반대하지 않는다. 왜냐하면 중심부 지역을 이야기하는 것이나 자본주의를 이야기하는 것이나 결국 같은 것이기 때문이다. 또한 16세기에 유럽에 세워진 세계-경제가 좁지만 비범한 대륙인 유럽에 근거를 둔 첫 번째 세계-경제는 아니라는 주장은, 자본주의가 16세기를 기다려 이때 처음 등장한 것이 아니라는 주장과 같은 것이다. 그러므로 나는 유럽의 자본주의, 심지어 자본주의적인 생산 역시 13세기에 이탈리아에서 시작된 것이라는 마르크스의 주장(그 후 마르크스는 그렇게 말한 것을 후회했다지만)에 동의한다.

월러스틴은 마르크스의 『자본론』 제4장 "자본의 일반공식"의 내용을 근거로 "자본의 전기"가 16세기에 시작된다고 주장한다. 브로델은 마르크스의 『자본론』 제1권 26장 "시초축적의 비밀"의 내용을 근거로 자본주의 시대는 16세기부터 비로소 시작한다고 말하면서도 "자본주의적 생산의 최초 단서는 14세기나 15세기에 지중해 연안의 일부 도시들에서 드

문드문" 볼 수 있었다는 언급에 주목한다. 브로델이 13세기라고 말한 것은 마르크스가 14세기나 15세기라고 말한 것의 착오거나, 아니면 자기 나름대로의 수정일 것이다. 브로델은 13세기의 샹파뉴 정기시를 중시하기 때문이다. 그러나 월러스틴과 브로델의 차이는 중요하지 않다. 왜냐하면 두 사람 모두 마르크스가 말한 대로 "세계무역과 세계시장이 형성된 때부터 자본의 근대사가 시작된다"는 점에 동의하고 있기 때문이다. 두 사람 모두 자본주의의 본래 영역은 '생산'이 아니라 '교역'이라고 보고 있는 것이다.

브로델이 유럽 세계-경제의 시점을 13세기로 잡은 것은 13세기에 이미 유럽이 동일한 가격 콩종튀르의 지배를 받았다고 보기 때문이다. 브로델은 『지중해』에서처럼 콩종튀르 개념에 의지한다. 브로델에게 콩종튀르는 "우리의 길을 밝혀줄 유일한 수단"이다. 브로델은 "인간의 삶의 영역 전체가 영구히 반복되는 주기적 변동을 좇아서 순환 운동을 한다는 진리를 인문과학이 발견한 것은, 지금으로부터 약 50년 전의 일"임을 강조한다. 콩종튀르는 하나의 '진리'라는 것이다. 콩종튀르는 무수히 많다. 경제, 정치, 인구의 콩종튀르만이 아니라 의식, 집단심성, 범죄의 증감, 연이어 등장하는 예술상의 유파들, 문학 동향, 나아가 유행 등도 모두 다 콩종튀르를 가진다. 덧없이 변하는 의상의 유행 역시 콩종튀르의 결과이다. 그러나 이렇게 많은 콩종튀르 가운데 경제적 콩종튀르, 특히 그중에서도 가격 콩종튀르만이 진지한 연구의 대상이 되었을 뿐이다. 가격 콩종튀르도 최단기의 계절적인 변동에서부터 반세기 이상 지속되는 콘드라티에프 사이클에 이르기까지 다양하다. 순환 운동을 하지 않고 1세기 이상 장기간 지속적으로 상승 혹은 하강하는 세기적 추세도 있다. 이렇게 많은 콩종튀르들이 서로 섞이고 더해져서 가격 변동을 증폭시키기도 하고 완화시키기도 한다. 가격 변동이 넓은 공간에 걸쳐서 공시적으로 전개되었다는 것은 시장 네트워크가 형성되었다는 표징이다.

자본주의의 본질

　브로델의 자본주의 개념은 독특하다. 자본가와 임노동자의 자유계약이라는 통상적인 설명과는 다르다. 지리적 설명이라 할 만하다. 브로델의 자본주의는 경제생활 전반에 편재하는 것이 아니라 특정한 곳에 은거하면서 전체를 조종한다. 자본주의는 시장경제에 자리 잡고 그곳에서 번영한다. 그러나 자본주의는 시장 경쟁의 '경쟁'을 따르지 않는다. 오히려 자신에게 유리하도록 교환을 왜곡시키며 질서를 교란시킨다. 따라서 자본주의는 시장경제에서 나왔지만 시장경제와 대립한다. 시장경제가 합리성의 영역이라면, 자본주의의 영역은 계산과 투기의 영역이다. 시장경제는 투명한 데 반해 자본주의는 불투명하다. 그러나 자본주의는 시장경제를 토대로 삼는 것이기에 시장경제 없이는 생성될 수 없다.

자본주의는 가장 높은 층에 있기 때문에 자유롭다. 경제 생활의 세 요소인 물질문명-시장경제-자본주의 가운데 자본주의만이 자율적이다. 자본주의는 때에 따라 왼쪽으로 오른쪽으로 방향을 바꾼다. 그리하여 교대로 또는 동시에 상업 이익이나 산업 이익, 지대(地代), 국가에 대한 대부, 고리대금업 등 어느 것이든 추구한다. 자본주의는 진입해 들어갈 영역이나 포기할 영역을 원하는 대로 선택할 수 있다. "선택한다는 것, 선택할 수 있다는 것, 비록 그 선택이 아주 제한적이라고 해도 그것은 얼마나 큰 특권인가?" 자본주의는 단 하나의 선택 속에 갇히지 않는다. 그러니까 자본주의는 하나의 영역에 전문화하지 않는다는 말이다. 이익의 추구, 이익의 극대화는 자본주의의 무언의 법칙이다. 자본주의는 높은 이익이 나는 곳을 향해 수시로 변신한다. 자본주의는 이익을 좇아 자유롭게 선택하고 민첩하게 움직인다. 이것이 자본주의의 본질이다.

이 점이 자본주의의 전체사에서 핵심적인 성질이라는 것을 강조할 필요가 있다. 시련이 있을 때마다 드러내는 유연성, 변환과 적응의 능력이 그것이다. 13세기 이탈리아에서부터 오늘날의 서양 세계에 이르기까지 자본주의에 일정한 통일성이 있다면(나는 그런 것이 있다고 생각한다) 바로 이 점에서 그 통일성을 찾아내고 관찰할 수 있을 것이다.

자본주의의 본질을 이렇게 규정하는 것은 역사 해석의 유용한 도구가 된다. 구체적인 예를 들어보자. 카스티야의 도시들은 16세기 중반 이후에 가까운 농촌에 투자하는 것을 포기했으나, 그 50년 뒤 베네치아의 상업자본주의는 반대로 농촌 투자를 확대하는 방향으로 선회했고, 같은 시대 남부 보헤미아의 귀족 경영자들도 논밭에 물을 끌어와 연못을 만들어 호밀 재배 대신 잉어 양식을 했다. 한편 프랑스의 부르주아들은 1550년 이후에는 더 이상 농민들에게 돈을 빌려주지 않고 영주와 국왕에게만 돈을 빌려주었다. 부르주아의 배신일까? 앞에서도 설명했지만, 브로델은 이것을 '배신'이라고 생각지 않는다. 변신일 뿐이다. 앙시앵 레짐* 말기까지 국왕 재정에 관한 사업은 이득이 많은 영역이었으며, 이곳이야말로 활기찬 자본주의가 정착해 있던 곳이었다. 부르주아들이 땅을 사들인 것은 토지를 이윤의 원천으로 보기 시작했고 근대적인 경영 기법의 효율성을 믿기 시작했기 때문이다. 그런데 왜 당시대 사람들은 이것을 봉건반동이라고 부른 것일까? 왜 반(反)봉건주의라는 표현만이 1789년의 전국신분의회에서 폭발한 것일까? 브로델의 해석은 사료 비판의 높은 경지를 보여준다.

이것은 부분적으로는 새롭고도 놀라운 상황에 처하게 된 프랑스 농민들이 반자본주의적인 새로운 용어를 아직 찾지 못했기 때문에 이미 낡아빠진 반봉건주의라는 낡은 단어에 의존하게 되었다고 생각할 수는 없을까?

브로델의 자본주의 개념에서 두드러지는 것은 생산이 아니라 교환을 자본주의의 '본가'라고 생각한다는 점이다. 이러한 교환우위론은 생산력과 생산관계에 주목하는 마르크스주의 생산양식론*과 크게 다른데, 브로델 스스로도 이점을 의식하면서 자신의 관점을 변호한다. "유통을 먼저 다루는 이유는 생산 문제가 핵심적이라는 마르크스나 프루동의 견해를 부인하려는 것이 아니다. 생산은 기록이 불충분한 데 반해 유통은 관찰이 용이하기 때문이다."

그러나 사실 이러한 선택은 '기록'이 불충분한 데 따른 불가피한 선택이 아니었다. 브로델이 관찰하기에 자본주의의 기원은 교환과 긴밀하게 연결되어 있다. 다시 말해서 전산업화 시대에는 교환 영역이 큰 이익을 가져다주는 영역이었던 것이다. 자본가의 참된 모습은 시장, 거래소, 상업망, 긴 교환의 연결망 등에서 찾을 수 있었다. 자본주의가 자기 영역이 아닌 생산에 손을 대는 것은 상업의 필요성이나 이익에 따라 그렇게 할 필요가 있었기 때문이다. 자본주의가 생산 영역에

침입하는 것은 기계 사용이 생산의 조건들을 변화시켜 이윤의 확대를 가능하게 해준 산업혁명기에 이르러서였다. 그러나 그 전에는 그렇지 않았다. "19세기 산업혁명이 일어난 후 자본주의가 산업 생산을 장악하여 거대한 이윤을 확보하기 전까지는 자본주의는 유통의 영역에서만 제자리를 찾았다."

상업이 자본주의의 기반이기는 하지만 상업이 곧 자본주의는 아니었다. 시장의 법칙에 순응하는 상인들은 브로델이 구분한 시장경제에 터를 잡은 사람들이지 자본가가 아니었다. 자본가라 할 수 있는 사람들은 시장의 법칙을 따르지 않고 조종하는 사람, 대상인이었다. 전산업화 시대에 대상인들은 비록 소수에 불과했지만 중요한 전략적 거점에 해당하는 원거리 무역이라는 열쇠를 쥐고 있었고, 정보라는 무기를 장악했으며, 국가권력과 공모했기 때문에 시장 법칙을 피해갈 수 있었다. 이들은 국지적인 교역이 아니라 원거리 교역에 종사했다. 원거리 교역이야말로 그 큰 위험만큼이나 많은 이익을 내는 영역이었기 때문이다. 앙리 피렌의 뒤를 이어 브로델 역시 원거리 교역을 강조한다.

> 원거리 무역은 아마도 상업자본주의의 기원에서 첫 번째 역할을 했을 것이며 오랫동안 상업자본주의의 골격을 이루고 있었다. 이것은 진부한 진리이기는 하지만 오늘날에는 상당수의 역

사가들이 하나같이 여기에 반대하려고 하기 때문에 그 풍화작용에 저항해서 이것을 지켜야 하는 것이다.

다시 말해 상당수의 역사가들은 원거리 무역의 경제적 영향을 과소평가하고 있다는 것이다. 실제로 프리드리히 뤼트케 같은 사람은 아메리카 대륙의 은이 별로 중요하지 않다는 점을 입증하기 위해 16세기에 유럽의 내부 지역 간 교역이 신대륙과 세비야 사이에서 이루어진 소규모 교역보다 백배는 더 중요했다고 주장했다. 교역량만 놓고 보면 이는 사실이다. 아메리카의 은만 그런 것이 아니다. 16세기에 지중해에서 해로를 통한 밀의 교역은 기껏해야 100만 캥탈 정도였는데, 이것은 이 지역 주민 전체 소비량의 1퍼센트도 안 되는 양이었다. 원거리 곡물 교역은 곡물 생산량이나 지방 교역량 전체와 비교하면 가소로울 정도였던 것이다. 그렇다고 해서 그것이 경제생활 전반에 미친 영향력이 그렇게 하찮은 정도였을까? 수혈에 비유한다면 소액의 피가 생명을 좌우하듯이, 적은 교역량이지만 그 영향력은 결정적이었다고 볼 수 있지 않을까? 브로델은 그렇게 본다. 브로델은 역사학의 새로운 추세가 '다수'를 지향하고 있기는 하지만, 그렇다고 해서 '소수'가 가지는 중요성을 과소평가해서는 안 된다고 말한다. 다수의 사람, 사물, 상품은 거대한 가치를 가지지만 움직일 줄 모르기 때문에 이런 것들보다 소수가 더 결정적일 수 있다고도 말한다. 다수의 시장이 중요하긴 하지만 그것을 움직이는 것은 소수의 자본가라는 의미일 것이다. '사회사'를 지향하는 역사가에게서는 듣기 어려운 이야기이지만, 어쨌든 브로델은 이 점에서만큼은 전통적인 역사학을 따르고 있다.

브로델에 의하면, 자본주의의 전제조건들은 모두 순환과 관계가 있다. "어쩌면 전적으로 이것에만 관련된다고 말해도 좋을지 모른다." 그리고 이 순환이 넓은 공간에 걸쳐 있을수록 그 수익성이 크다. 일본의 예를 통해서도 원거리 교역의 의미를 확인할 수 있다. 일본에서는 서양에서와 마찬가지로 자유로운 시장과 도시가 효율적으로 자리 잡았으며, 사회적으로도 상인 가문이 뿌리를 내렸다. 일본의 초기 자본주의는 분명히 자생적이고 토착적인 것이었다. 게다가 일본에서도 원거리 교역이 발전했다. 그러나 1638년 쇄국 이후 원거리 교역이 쇠퇴함에 따라 자본주의의 발전도 정지하고 말았다는 것이다. 자본주의 발전의 역사에서 일본과 서양의 차이는 바로 원거리 교역이었다.

원거리 교역이 활발해지고, 농업 및 비농업 생산이 증대하고, 총수요가 늘어나면, 이에 조응하여 전국시장이 등장한다. 국가적 차원의 전국시장은 국지적인 시장경제의 확대만으로 이루어지는 것이 아니다. 좁은 반경을 가지고 있는 독립적이고 개별화된 여러 경제들을 봉합하면서 지방시장을 넘어 전국시장으로 확대해가는 것은 결코 저절로 되는 일이 아니다. 전국시장은 정치적 의지와 동시에 상업, 특히 원거리 국제무역이라는 자본주의적인 압력에 의해서 강요된 응집성이다. 전국시장은 세계-경제의 중심지 또는 중심지에 가까운 곳에서, 그리고 자본주의의 그물망 속에서 발전한다. 런던이 세계-경제의 중심일 때 영국에 최초로 이러한 전국시장이 형성되었다.

전산업화 시대에 대상인들은 수중에 모든 것을 장악하고 있어서 상인, 은행가, 제조업자 등의 역할을 동시에 수행했다. 이들은 어느 한 영역에 전문화되지 않았다. 18세기 말에서 19세기 초에 새로운 유형의 활동적인 인간이 나타났으니, '산업가'의 등장이 바로 그것이다. 이들과 함께 등장하고 뿌리를 내리고 팽창한 것은 산업 생산에 전력을 다하는 새로운 자본주의였다. 산업가들의 독립은 새로운 시대의 표시였다. 역사가들은 이것에 대해서 산업자본주의의 도래라고 이야기한다. 브로델 역시 여기에 동의한다. 그런데 산업자본주의의 도래와 함께 드디어 마르크스가 기대한 "진정한" 자본주의가 시작된 것인가? 브로델은 동의하지 않는다.

과연 산업자본주의는 세계사적으로, 그리고 자본주의 그 자신의 역사상으로 볼 때 새롭게 탄생한 정말로 새로운 형태일까?

또 이것은 근대사회의 대량 생산과 거대한 고정자본 덕분에 자본주의가 진정으로 완성에 이르고 진실한 모습을 띠게 된 것을 의미할까? 이전 단계의 것은 단지 서론에 불과한 것으로서 유치한 것이거나, 박학한 역사가들의 호기심의 대상에 불과한 것일까? 대개 역사학적인 설명은 이렇게 말해왔다. 그것은 틀린 말은 아니지만 그렇다고 맞는 말도 아니다. 내가 보기에 자본주의는 오래된 모험이다.

자본주의는 산업자본주의에 이르러 비로소 시작된 것이 아니라는 것이다. 자본주의는 오래전부터 존재해왔다. 최초의 형태인 상업자본주의 역시 당당한 자본주의이다. 그리고 상인들이 전문화되지 않았듯이, 자본주의 역시 복수(複數)로 존재했다. 자본주의가 상업적이지 않았던 때는 일찍이 한 번도 없었다. 18세기 영국에 대해서 상업혁명*의 시기였다고 말하는 것은 결코 지나친 말이 아니다. 상업이 가히 폭발적으로 발전했던 것이다. 이 시기 동안 국내시장만을 향한 산업 생산은 지수 100에서 150으로 발전했으나 수출산업은 100에서 550으로 발전했다. 해외 교역은 다른 것에 비해서 훨씬 앞선 첨단 주자였던 것이다. 상업혁명과 산업혁명의 관계는 긴밀하면서도 상호적이다. 이 두 혁명은 서로 강력한 지지를 보내고 있었다. 은행, 산업, 그리고 상업자본주의 같은 것들은

19세기 내내 공존했고 19세기 이전에도 그랬으며 19세기 이후에도 계속 그랬다. 금융자본주의도 1900년대 초에 가서 처음 생긴 것이 아니다. 금융자본주의는, 과거에 이미 비록 제노바, 암스테르담과 같은 일부 지역에 한정된 일이긴 하지만, 상업자본주의의 현격한 성장과 정상적인 투자 기회를 상회하는 자본 축적이 이루어진 후에 일시적으로나마 전 사업계를 장악하고 지배했다. 브로델은 다음과 같이 종합한다.

> 자본주의는 성장하면서 상업으로부터 금융, 산업으로 단계별로 이행한다는, 그리고 산업자본주의라는 성숙한 단계가 유일하게 '진정한' 자본주의라고 보는 단순한 이미지는 피해야 한다. 소위 상업자본주의 단계에서나 산업자본주의 단계에서나(이 두 용어는 각기 대단히 다양한 형태를 포함하고 있다) 자본주의의 핵심적인 특징은, 심대한 위기가 닥쳤을 때 혹은 이윤율이 현저하게 떨어졌을 때 한 형태에서 다른 형태로, 한 영역에서 다른 영역으로 거의 순간적으로 미끄러져 들어가는 능력이다.

자본주의는 이렇듯 유연하고 기민하기에, 위기가 닥쳐도 죽지 않는다. 과거에도 그랬고 또 앞으로도 그럴 것이다. 자본주의가 이렇게 민첩하게 움직이는 것은, 다시 말해 '경쟁'의 법칙이 지배하는 시장경제를 피해 다니는 것은 '독점'을 추구하기 때문이다. 독점이 최대의 이익을 보장해주기 때문이다. 브로델에게 자본주의의 본질은 바로 '독점'이다. 독점 자본주의는 자본주의의 특정 단계에 가서야 나타나는 형태가 아니다. 대화의 상대는 물론 레닌이다.

> 레닌은 그의 유명한 글(1916년)에서 자본주의의 성격이 바뀌는 것(즉 20세기 초에 제국주의가 되는 것)은 "자본주의의 일부 핵심적인 성격들이 정반대로 전환하는, 아주 발전된 특정 단계에 가서의 일이다. (중략) 경제적인 관점에서 볼 때 이 과정에서 핵심적인 것은 자본주의적인 독점이 자유경쟁을 대체한다는 것이다. (중략) 이 자유경쟁이라는 것은 이전에 자본주의와 상품 생산 일반의 핵심적인 특성이었다"고 했다. 이 점에서 내가 레닌에 동의하지 않는다는 것은 말할 필요도 없다. 그러나 레닌은 여기에 첨가하여 이렇게 말한다. "사실 독점은 자신이 거기에서 유래한 자유경쟁을 완전히 없애버리는 것이 아니다. 독점은 자유경쟁의 위에서, 그리고 옆에서 공존한다." 이 점에서 나는 완전히 그의 말에 동의한다.

흔히 자본주의는 과다한 경쟁으로 인한 이윤율의 하락 때문에 무너질 것이라고 예언하기도 하지만 브로델이 말하는 자본주의의 본질은 경쟁이 아니라 독점이기 때문에 자본주의는 이러한 위험에서 벗어나 있다. 브로델은 자본주의가 불평등을 심화시키는 악(惡)이라고 보면서도 자본주의가 쉽사리 붕괴할 것으로는 내다보지 않았다. 불평등은 그 자체로 악이지만 불평등하지 않으면, 달리 말해 위계가 없으면 흐름이 없어 정체하고 만다. 불평등은 필요악이다. 현실적으로 불평등하지 않은 사회란 없다. 그러기에 사회주의는 유토피아에 불과한 것이었다. 사회주의는 "자본의 독점을 국가의 독점으로 대체한 것이며, 하나의 해악 위에 다른 또 하나의 해악을 더한 것"에 불과했다.

유럽중심주의?

　　최근 우리 학계에서는 유럽중심주의를 비판하는 목소리가 높다. 서양이 동양보다 우위를 차지하게 된 것은 서양의 오랜 역사 발전 덕분이라고 설명하지만 이것은 하나의 정당화요 신화에 불과할 뿐, 실제로는 서양이 중국 중심의 세계경제의 주변부에 놓여 있다가 제국주의 도용 덕분에 우위를 차지했을 뿐이라는 것이 유럽중심주의 비판의 요체이다. 19세기 서양의 동양 침탈이 있기 전까지는 여전히 동양이 서양보다 우월했기 때문에, 서양의 내재적 발전이라든가 동양의 정체(停滯)라든가 하는 주장들은 모두 거부된다. 그런데 우리의 주제와 관련해서 특히 흥미로운 점은 브로델이 그러한 유럽중심주의 역사학의 대표적인 인물로 등장한다는 사실이다.

강철구 교수는 다음과 같이 신랄하게 브로델을 비판한다.

> 그는 아시아 문화가 너무나 고대적이고 어디에서나 똑같다고
> 말함으로써 헤겔적인 주장을 그대로 받아들인다. 또 비트포겔
> 의 수력사회론*이나 중세유럽도시의 자유에 대한 베버의 주장,
> 르네상스의 근대성에 대한 부르크하르트의 주장, 프랑스혁명에
> 대한 르페브르식의 찬양 등을 되풀이하고 있다. 그 자신도 언어
> 나 자료의 한계 때문에 비유럽 세계를 제대로 이해하기 어렵다
> 는 고백을 하고 있기는 하나 정도가 매우 심한 편이다. 말하자
> 면 두 세기 전에 헤겔이 한 이야기를 한 세기 전에 베버가 되풀
> 이하고, 그것을 근 100년 후에 브로델이 되풀이하고 있는 셈이
> 다. 이런 사람이 서양에서 20세기의 대표적인 역사가의 한 사람
> 으로 손꼽히고 있다는 것은 서양인들로서도 부끄러워해야 할
> 일이다.[2]

브로델을 선두로 한 유럽중심주의 역사가들의 행렬에는
브레너, 르페브르, 소불, 월러스틴, 갤러거, 로빈슨, 겔너, 홉
스봄 등이 들어 있다. 이들은 유럽이 자본주의로 이행할 수
있었던 원동력을 식민지 착취가 아니라 내부 발전에서 찾거
나, 식민지 지배에 식민지인의 협력을 부각시켜 제국주의자
들의 책임을 경감시키거나, 민족주의를 "상상의 공동체"라

고 정의하여 민족주의의 역사성을 부정함으로써 제3세계의 민족주의를 부정하는 사람들이라는 혐의를 받는다. 사실 에드워드 사이드의 경우에 거의 모든 유럽 사람들이 오리엔탈리스트였듯이, 이 경우에도 프랑크 같은 몇몇 비주류 학자들을 제외한 서양의 거의 모든 역사가들이 유럽중심주의 역사가일 수밖에 없지 않을까 하는 생각이 든다. 왜냐하면 그들은 유럽인의 '관점'에서 역사를 바라볼 수밖에 없기 때문이다. 강철구 교수는 "현재 한국 서양사의 가장 큰 문제점은 과거에 항상 그래왔던 것과 같이 이데올로기의 결핍"이라고 진단하면서 한국의 서양사학자들이 이데올로기를 가지고 역사를 바라볼 것을 요구한다. 그런데 사실 이러한 제안은 '역사학'을 배신하는 것이다. 왜냐하면 역사학은, 포스트모던 시대에도 여전히 기본적으로는 '그것이 본래 어떠했나'를 추구해야 하기 때문이다. 그렇지 않으면 역사학은 존재 이유를 상실한다. 그렇게 하지 않는 사람은 역사가가 아니라 이데올로그이다. 그리고 현실적으로 우리나라의 경우에 문제가 되는 것은 민족주의 이데올로기의 결핍이 아니라 과잉이니, 이러한 요구는 시의적절하지 못하다. 역사가에게 중요한 것은 '관점'이 아니라 '사실'이다. 관점이 아니라 사실을 통해서 '유럽중심주의'를 논파해야 하는 것이다. 그러니 우선 중요한 것은 우리의 역사학 수준을 높이는 일이다. 마침 브로델도 동양과 서양을 비교하면서 이 문제에 대해 언급하고 있으니 먼저 그의 말을 들어본 다음 논의를 진전시키도록 하자.

> 사실 유럽과 다른 지역 사이의 차이는 우선 '역사 기술적인' 차이이다. 유럽은 역사가라는 직업을 만들고 그들을 자신에게 유리하게 이용했다. 바로 이들이 증거를 대고 주장을 펼치는 역할을 해준 것이다. 비유럽 지역에서는 역사학이 이제 막 만들어지는 중이다. 역사학적인 지식과 해석이 균형을 이룰 때까지 역사가들은 세계사에서의 고르디아스의 매듭(즉 유럽의 우월성의 기원 문제) 풀기를 주저할 것이다.

브로델은 '역사가'로서의 냉정함을 견지하고 유럽의 우월성에 대해 숙고한다. 그의 설명 가운데는 유럽중심주의를 지지하는 것이 있는가 하면, 유럽중심주의를 비판하는 것도 있다. 그러니 중요한 것은 어느 한 구절을 가지고 평가하는 것이 아니라 종합적으로 평가하는 일이다.

브로델은 유럽은 비유럽으로부터 많은 것을 받아들였으며, 유럽의 우위는 산업혁명 이후에 이르러서야 비로소 분명해졌다고 말한다. 동양이 앞섰다는 것은 부인할 수 없는 사실이다. 예를 들어보자. 중국에서는 4000년 전부터 석탄을 사용하여 가정용 난방을 했지만 유럽에서는 11~12세기에 와서야 석탄을 사용하기 시작했다. 화약은 중국인이 9세기에 만들었고 화기는 11세기에 만들었다. 중국에서는 9세기에서 14세기 사이에 지폐라는 천재적인 발명품을 사용했다. 제노바, 피렌체, 베네치아에서는 13세기에 환어음이라는 위대한 혁신이 이루었지만, 브로델은 이탈리아인들의 자랑에도 불구하고 환어음마저도 동방에서 왔음을 인정한다. 그 밖에도 유럽이 동방 세계로부터 받은 선물 리스트는 대단히 길다. 비단, 쌀, 사탕수수, 종이, 면, 아라비아숫자, 주판, 이슬람을 통해서 재발견한 고대 그리스 과학, 화약, 나침판……. 유럽은 대단히 일찍이 로마제국 시대부터 동방에서 선물을 받아왔던 것이다.

이처럼 외부로부터 많은 것이 유입되었다는 것을 사실로 받아들인다는 것은 유럽이 모든 것을 천재적인 방식으로 스스로 발명했으며 유럽만이 점차적으로 기술적·과학적 합리성으로 발전해가는 도상에 있었다는 전통적인 역사가들의 견해를 부인하는 것이다. 이것은 근대 상업의 여러 도구를 발명한 공적을 이탈리아 도시들로부터 빼앗는 것이다. 그렇게 하나씩 빼앗아가다 보면 결국은 로마제국에 대해서 인정했던 핵심적인 역할까지도 부인하게 된다. 지중해권을 중심으로 해서 여기에 대륙의 일부 지역이 더해진 광대한 영토를 가지고 있으며 세계의 중심이요 서양 역사의 중심이라고 자처하던 로마제국도, 그보다 더 넓고 또 수 세기나 더 오래 살아남게 되는 고대 세계경제의 일부분에 불과하기 때문이다.

유럽중심주의 역사가들이 유럽 자본주의 발전의 핵심적인 요소로 보고 있는 원거리 교역마저도 수많은 산업과 수출용 생산을 탄생시키고 광역권의 경제를 탄생시킨 11~12세기의 거대한 이슬람 문명을 이어받은 것임을 브로델은 인정한다. 존 M. 홉슨이 말한 대로, "서양 문명은 동양에서 시작되었다"고 인정하는 것이다.

유럽은 동방으로부터 배우는 학생이었다. 그러나 창의적인 학생이었다. 학생이 스승을 능가하는 시기는 언제일까? 당연히 13세기를 생각할 수 있다. 바로 이때부터 유럽 세계-경제가 가동되기 때문이며, 나아가 그것의 성격이 자본주의적이라고 브로델이 주장하기 때문이다. 브로델은 아주 구체적인 연도를 서양에서 금화를 재주조하기 시작한 1252년으로 잡는다. 이 무렵부터 지중해 세계에서 이슬람의 우위가 흔들리기 시작한다는 것이다. 그리고 중국은 "활기에 넘치는 리듬을 가진 시장경제와 그에 따른 모든 것을 가지고 있으면서도 자본주의라는 상층구조를 발전시키지 못한 완벽한 예"로서 서서히 전락한다는 것이다. 유럽중심주의에 반대하는 역사가들은 브로델이 너무 이른 시점을 잡았다고 비판할지 모른다. 그러나 차이가 겉으로 드러나기까지는 오랜 진화가 필요한 법이다.

중국은 왜 정체(停滯)한 것일까? 과연 중국은 정체한 것인가? 중국은 여전히 변함없는 우위를 유지했지만 서양의 무력 침탈에 의해 몰락하고 만 것인가? 유럽중심주의 역사학자들은 한결같이 중국의 정체를 이야기하며, 이 점에서는 브로델도 마찬가지이다. 현상적으로 중국의 정체를 입증해주는 사실들은 너무나 많다. 그중에 몇 가지 흥미로운 예만 들어보자. 15세기 초에는 중국 대포가 유럽 대포와 동등하거나 우월했지만 15세기 말에 가면 유럽의 대포가 중국의 대포보다 월등해졌다. 그 결과 16세기에 극동에서 유럽의 대포가 위력을 발휘했을 때 경악을 불러일으켰던 것이다. 브로델의 표현에 의하면, "중국 대포는 진화할 줄 몰랐고, 그렇게 할 수 없었으며, 전쟁의 요구에 맞추어 적응하지 못했다." 중국과 일본의 정크선, 말레이시아와 폴리네시아의 균형대가 달린 카누, 그리고 홍해와 인도양의 아랍 배들은 거의 변화를 모르는 주인공들이었다. 중국은 석탄 이용에서는 서양보다 월등 앞섰으면서도 13세기에 대단한 융성기를 맞이했을 때도 코크스를 체계적으로 이용할 줄 몰랐다. 중국은 지폐를 일찍 사용했지만 "서양에서처럼 지폐가 자본주의를 가속화시키는 역할을 하지 못했다." "참으로 이상한 것은 중국이 그렇게 일찍이 앞서 나가다가 13세기 이후에 정체했다"는 것이다.

일상생활의 차원에서도 브로델은 '서양의 변화와 동양의 정체'라는 관점을 견지한다. 가구나 실내장식에서 서유럽의 독창성은 말할 것도 없이 변화를 주려는 욕구, 그리고 중국도 가지지 못했던 빠른 진화에서 찾을 수 있다. 의상의 경우에도 중국이나 일본에는 변화가 없었다. 유럽의 의상도 12세기 초까지는 갈리아-로마 시대 때와 다르지 않았다. 1350년경에 남자들의 옷이 짧아지기 시작했으며 이때부터 유행이라는 것이 등장했다. 시시한 증거인가? 브로델은 그렇지 않다고 말한다. "사실 유행이 그렇게 무용한 것인가? 아니면 우리가 생각하듯이 주어진 사회, 경제, 문명을 깊은 내부로부터 증언하는 표시인가? 다시 말해서 유행은 사회, 경제, 문명의 도약, 가능성, 권리 주장, 삶의 즐거움에 대한 증거가 아니겠는가?"

1609년 한 일본인은 난파한 스페인 선원들이 2년마다 다른 옷을 입는다고 흉보면서 "전통과 고문서의 증거를 통해 천 년 동안 일본 민족의 의상이 변하지 않았음을" 보여줄 수 있다고 자랑했다. 변하는 서양과 변하지 않는 동양이 만난 것이다.

무엇이 중국을 정체시켰는가? 국가의 과도한 간섭을 들 수 있다. 월러스틴과 브로델은 중국이 활발한 시장경제에도 불구하고 자본주의로의 진입에 실패한 것을 '세계-제국' 탓으로 설명했는데, 사실 이러한 설명은 '아시아적 전제'*라는 고전적인 유럽중심주의 도식과 동일한 것이다. 유럽만이 정치적으로 혁신을 이룬 반면, "나머지 세계는 낡은 카드만 만지작거리고 있었다." 세계의 다른 곳보다 앞서 있는 유럽에서 11~12세기부터, 특히 16세기 이후부터 더 뚜렷하게 나타난 현상은 경제가 다른 영역에 대해서 우위를 차지했다는 점이다. 이런 경제 우선권의 확립이야말로 유럽 대륙이 일찍이 배태하게 되는 근대성의 뿌리 중의 하나였다. 일정한 종류의 자본주의와 일정한 정도의 국가의 근대성이 동시에 시장경제의 틀 안에서 구성되었다.

또 다른 원인으로는 토인비식(비록 브로델은 토인비를 단순하다고 비판했지만)의 도전과 응전이 있다. 13세기의 중국은 산업혁명의 문을 열 수 있는 가능성을 가지고 있었음에도 그렇게 하지 못했는데, "중국으로서는 너무 쉽게 문제를 풀 수 있는 요소가 있었던 것이 오히려 발전에 장애가 되었던 것이다." 중국은 자연환경의 혜택을 받아서 '필요'를 느끼지 못한 반면, 자연환경의 혜택을 받지 못한 유럽은 환경의 도전을 극복할 필요가 있었다는 이야기이다. 유럽인들이 연안을 벗어나 대양으로 진출한 것은 진출할 '필요'가 있었기 때문이다. 기술적인 차원에서 중국이나 일본은 유럽에 뒤지지 않았지만 멀리까지 나갈 '필요'가 없었다. 다시 예의 지리적 설명이 이어진다. "서구가 가진 장점이란 '아시아 대륙의 곶' 정도에 불과한 좁은 곳에 갇혀 있었기 때문에 세계를 필요로 했으며, 자기 밖으로 나가야 할 필요가 있었던 것이 아닐까?"

사실 '필요'가 좌우한다는 것은 의미심장한 내용을 담고 있다. 유럽이 15세기에 처음으로 대양으로 진출한 것은 아니었다. 그 이전에 이미 아일랜드인들과 바이킹들이 대양으로 진출했으나 그것들은 모두 먼 시간의 어둠 속에 묻혀버리고 말았다. 계속되지 않은 것이다. 계속할 필요가 없었거나 능력이 없었기 때문이다. 반면에 콜럼버스의 아메리카 대륙 발견이후 유럽이 계속 아메리카로 진출한 것은 내적인 필요가 있었을 뿐 아니라 능력도 갖추었다는 증거이다. 유럽은 내적으로 성숙하고 있었던 것이다.

역사가들이 황금에 대한 갈망, 세계에 대한 갈망, 혹은 향신료에 대한 갈망이라고 부르는 것에는 새로운 것에 대한 추구, 실용적인 적용에 대한 추구가 늘 함께 있었다. 그것은 인간에게 도움이 되도록 인간의 노력을 경감시키는 동시에 그것을 가장 효율적으로 만들고자 하는 것이었다. 실제적인 발견들이나 세계를 장악하려는 의도적인 욕구를 드러내는 발견들이 집적된 것, 그리고 에너지원이 되는 모든 것에 대해서 크게 흥미를 가

진 것은 유럽이 본격적으로 성공하기 이전부터 이미 유럽의 참
모습이었으며 우월성의 약속이었다.

이렇게 유럽은 중세 중기 이후 내재적으로 발전하고 있었
다. 이러한 관점에서 볼 때, 아메리카로부터의 은의 대량 유
입은 섬세한 해석을 요구한다. 다음과 같은 몇 가지 문제에
대한 브로델의 답을 직접 들어보자. 첫째, 아메리카의 은은
유럽의 경제에 도움을 주었는가? 둘째, 아메리카의 은은 유
럽 경제 활성화의 기원이었는가? 셋째, 유럽이 은을 중국에
수출한 것의 의미를 어떻게 해석할 것인가? 다시 말해 유럽
의 대(對)중국 무역 적자를 어떻게 해석할 것인가? 유럽의 무
역 적자는 유럽의 경제적 열세를 말하는 것인가?

먼저, 아메리카의 은은 유럽 경제에 도움을 주었는가? 아
메리카의 은이 유럽 경제에 도움을 준 것은 물론이다. 브로델
은 이 점을 부인하지 않는다. 은의 대량 유출이 유럽 경제 내
부에 자주 고장을 일으킨 것은 사실이다. 그러나 그러한 '도
전'은 여러 가지 긍정적인 응전을 낳았다. 지폐라는 임시방
편 수단이 성공을 거두도록 하는 데 일조했고, 광산을 개발하
도록 부추겼으며, 상업에서 귀금속을 대체하는 방편을 찾도
록 만들었다. 레반트에 직물을 보내고 중국에 면직과 아편을
보낸 것이 그런 예이다. 아시아는 은을 얻는 대가로 직물, 특

히 향신료, 약품, 차와 같은 식물로 갚으려고 한 데 비해 유럽은 수지를 맞추기 위해서 광공업에서의 노력을 배가한 것이다. "장기적으로 이것은 유럽이 유리한 지위를 차지하는 결과를 가져오게 만든 도전이 아니었을까? 어쨌든 확실한 것은, 흔히 이야기하듯이 유럽이 향신료나 중국풍의 물품과 같은 사치품을 얻기 위해서 자기 피를 뽑아서 팔았기 때문에 빈혈에 걸렸다는 식의 이야기를 해서는 안 된다는 것이다."

다음으로, 아메리카의 은 덕분에 유럽 경제가 활성화되기 시작했나? 대표적인 반(反)유럽중심주의자인 안드레 군더 프랑크는 『리오리엔트』에서 그렇다고 말한다. 이제야 비로소 유럽은 은이라는 상품을 가지고 중국 시장에 끼어들 수 있게 되었다는 것이다. 유럽도 이제야 겨우 팔 만한 상품을 가지게 되었다는 것이다. 그러나 브로델은 그렇게 생각하지 않는다. 유럽은 아메리카의 은 유입 이전에 이미 13세기부터 내공을 강화했다는 것이다. 은의 경우만 해도 "아메리카의 정복 이전부터 이미 유럽이 상대적으로 많은 귀금속을 차지하게 되면서 아주 빈번하게 이 게임이 유럽에 유리하게 발전해갔다"는 것이다. 유럽은 아메리카의 은을 지속적으로 필요로 할 만큼, 아메리카의 은을 중국 시장 공략에 이용할 정도로 이미 경제적으로 발전해 있었다는 것이다.

은이 유출된 것을 어떻게 해석할 것인가? 유럽인들은 후추, 향신료, 비단 같은 상품들을 열정적으로 원했던 데 비해, 극동 지방 사람들은 유럽의 상품들을 환영하지 않았다. 로마 시대 이래로 아시아는 오직 금, 더 흔히는 은을 받고서야 교역에 응했다. "중국인은 은 냄새를 맡더니 상품을 산더미처럼 가지고" 왔다고 한다. 중국과 인도는 세계에서 유통되던 귀금속의 "묘지"가 되어버렸다. 금과 은은 이곳에 들어가면 다시는 나오지 않았다. 은이 경제를 활성화시키지 못하고 축장(蓄藏)된 것인가? 프랑크를 위시한 반유럽중심주의 학자들은 이러한 축장론을 비판한다. 그들은 중국의 경제가 크고 건강했기 때문에 은이 경제를 활성화시키는 데 기여했다고 말한다. 그러나 브로델은 축장론을 지지한다. 그리고 스페인에 들어간 은이 네덜란드의 독립을 막는 정치적인 목적에 유출되었듯이 중국에 들어간 은도 북방민족의 침입을 막는 데 유출되었음을 인정한다면, 은이 경제적으로 활용되었다는 프랑크의 주장은 탄탄하지 않은 것으로 평가할 수 있다.

유럽의 대중국 수지는 대략 1820년대까지 해도 적자였다. 이에 대해서 어떤 사람들은 이것이 아시아에 대한 유럽의 약점이었다고 한다. 그러나 브로델은 여러 가지 비유를 동원하여 그렇지 않다고 설명한다.

우리는 이 사실을 회고하여 유감스럽게 생각하고 이 시대 유럽의 건강성을 의심하는 과거의, 심지어는 오늘날의 일부 경제학자들과 의견을 달리한다. 그들의 생각은 유럽이 극동 방향으로 지속적인 화폐상의 출혈 때문에 고통을 겪었다는 것이다. 무엇보다도 유럽이 이 출혈 때문에 죽지는 않았다. 그리고 이것은 마치 한 도시를 포격해서 점령한 군대를 보고 포탄과 화약을 많이 잃어서 유감이라고 말하는 것과 같다.

경제사가들은 이러한 일방적인 은의 유출이 알맹이를 잃어버리는 불리한 현상이라고 보았다. 그러나 이것은 중상주의적인 편견에 기반을 둔 추론이 아닐까? 나 역시 비유를 이용해서 반론을 편다면 이것은 문을 굳게 잠그고 잘 열어주지 않는 나라에 대해 유럽이 자신의 금화, 특히 은화를 가지고 계속적으로 포격을 가한 것과 같다. 그리고 승리한 화폐는 다른 화폐를 자신의 화폐로 대체하려는 경향이 있다.

　은은 유럽이 중국 시장을 개방하는 데 사용한 수단이었으며, 그 수단을 통해서 중국의 경제를 통제할 수 있었다는 것이다. 비록 당대의 유럽인들은 이러한 우위를 분명히 인식하고 의도적으로 이용하지는 못했지만 말이다. 중국이 받아들인 은은 필수품이었던 반면 유럽이 받아들인 비단, 도자기, 차 같은 중국의 물품은 사치품이었기 때문에 유럽의 중국에 대한 의존보다는 중국의 유럽에 대한 의존이 컸던 것이 사실이다. 따라서 은이 중국을 개방시키고 통제하려는 무기로 사용되었다는 판단은 옳다.

마지막으로, 대중국 무역 적자는 유럽 경제의 열세를 입증하는 것인가? 무역수지 적자가 곧바로 선진국과 후진국을 가르는 것은 아니다. 중국 이후에 세계를 지배한 영국이나 미국이 모두 무역수지 적자국이었다는 사실이 이를 입증한다. 브로델 역시 무역적자가 곧바로 유럽의 열세를 증명한다고 보지 않는다. 국제경제의 비중은 국내경제의 비중보다 작았으며, 화폐의 자유로운 유출은 그 자체로 경제의 우위를 증명한다는 것이다. 선진국일수록 금화든 은화든 자유로운 유출을 허용하기 때문이다. 아시아에서는 화폐경제가 어느 정도 자리를 잡고 있었지만 유럽에서만큼 귀금속의 유통이 활발하지는 않았다. 오직 지배적인 경제만이 현찰 화폐들의 자유로운 유통을 보장한다. 17세기의 네덜란드, 18세기의 영국, 그리고 그 이전 세기들의 이탈리아 도시국가들이 그러했다. 브로델에 의하면, 귀금속의 자유 유통은 지배적인 경제의 현명한 선택이며 지배적인 경제가 누리는 위대함의 조건들 가운데 하나였다.

13세기 이래 유럽 경제의 내공이 깊어가고, 16세기 아메리카 은의 유입으로 유럽이 강력한 '상품'을 가지고 중국 시장을 공략했으나, 유럽의 우위가 확연해진 것은 아니었다. 브로델 자신도 인정했듯이, 산업혁명 시기까지 유럽과 중국의 차이는 두드러지지 않았다. 브로델은 폴 베록의 일인당 국민총생산 수치를 참고한다. 폴 베록은 비교를 편하게 하기 위해 모든 수치는 1960년 현재 미국의 달러와 물가를 기준으로 삼았는데 그 결과는 다음과 같다. 영국(1700년) 150~190, 장차 미합중국이 될 아메리카의 영국 식민지(1710년) 250~290, 프랑스(1781~1790년) 170~200, 인도(1800년) 160~210, 일본(1750년) 160, 중국(1800년) 228.

정확하게 비교 가능한 수치는 아니다. 그러나 동양과 서양의 차이가 생각만큼 크지 않았다는 점만은 확인할 수 있다. 오늘날에는 두 지역의 차이가 너무나도 뚜렷하다. 오늘날 서유럽은 2325에 달한 반면 중국은 369, 제3세계 전체는 355에 머물러 있다. 19세기에 서양은 비약적으로 발전한 반면에 동양은 예의 제자리걸음을 쳤기 때문이다.

19세기에 무슨 일이 일어난 것일까? 유럽의 우위를 결정한 것은 무엇인가? 내부적인 요인으로는 산업혁명을 들 수 있다. 산업혁명의 가시적인 특징은 기계화이다. 유럽인들은 중국의 그렇게도 아름다운 비단을 생산하는 도구가 너무나 단순함에 놀랐다. 인도에서도 도구가 발달하지 못하고 손재주가 발달했다. "질이나 양으로 볼 때 또 수출량으로 볼 때 영국의 기계혁명이 일어날 때까지 인도의 면직물 산업이 세계 제일의 지위를 차지하고 있었던 것은 의심의 여지가 없다." 영국에서의 면직물 혁명은 인도 산업의 모방으로 시작되었다가 추월을 달성했다. 비슷한 품질의 제품을 싼 가격으로 만들었기 때문이다. 인도의 장인들에 대항해서 싼 가격을 유지하려면 기계를 이용하는 수밖에 없었다. 인도와 중국의 자본주의가 뒤쳐진 것은 저임금 때문이다. 저임금 덕분에 낮은 가격을 유지할 수 있었고, 그렇기 때문에 노동생산성을 증대시키기 위한 기술 개발 유인이 없었던 것이다. 그런 유인은 유럽의 산업 쪽에서 발생했다. "왜 그렇게 불완전한 도구를 쓰는 것일까? 인도와 중국에서는 가난하고 비천하게 살아가는 사람들의 수가 너무 많기 때문이 아닐까? 왜냐하면 도구와 노동력 사이에는 역의 상관관계가 있기 때문이다." 이런 차원에서 기계화는 휴머니즘이라는 역설이 가능한 것이다.

기계화는 사회적 필요성의 결과였다. 브로델은 여러 가지 멋있는 표현으로 산업혁명을 정의한다.

나는 산업혁명이라는 그 핵심적인 전환이란 복합적인 내부 수요가 성장하여 다양한 분야의 생산을 가속화시킴으로써 진보의 길을 열어놓은 것이라고 생각한다.

take-off(투자의 문턱을 넘어선 시점)는 한순간이지만 그러기 위해서는 비행기가 있어야 하고 활주로가 있어야 하고 관제 시설 등이 있어야 한다.

유럽의 경제적 우위를 결정한 것이 산업혁명만은 아니었다. 브로델은 무력 진출의 효과를 인정한다.

유럽인들에게는 처음부터 또 다른 이점이 있었는데 이에 대해서는 그들도 분명히 의식하고 있었다. 그리고 만일 이것이 없었더라면 아무것도 시작될 수 없었을 것이다. 거의 모든 것을 결정해준 (또는 적어도 그것을 허락해준) 그 장점이란 조종이 쉽고 맞바람에도 전진할 수 있고 많은 돛을 달고 있으며 대포를 장착한 서유럽의 전함이었다.

요약하자. 유럽이 중국에 대한 오랜 기간 동안의 열세를 뒤엎고 우세를 확보하게 된 것은 다음과 같은 이유 때문이다. 즉, 유럽은 지리적으로 변두리에 위치하기 때문에 해외로의 진출 욕구가 강했다(지리적인 설명). 유럽은 중국에 비해 인구가 적었기 때문에 그 열세를 기술 개발로 만회할 수밖에 없었다(인구적 설명). 13세기 이후 유럽은 지속적으로 발전했다(세계-경제). 16세기 이후 아메리카에서 은이 대량으로 유입됨에 따라 유럽은 화폐시장에서의 우위를 점하고 중국의 화폐시장을 통제할 수 있게 되었다(은의 효과). 산업혁명을 통해 유럽은 상품 생산에서도 우위를 확보할 수 있게 되었다(산업혁명 효과). 근대 이후 분명해진 무력의 우위를 이용하여 유럽은 중국을 지배할 수 있게 되었다(무력의 효과).

유럽이 19세기 중반 이후 세계를 지배하게 된 것은 사실이다. 그것은 유럽이 '본질적'으로 우월하기 때문이 아니라 13세기 이후 경쟁력을 강화시켜 나갔기 때문이다. 유럽과의 경쟁에서 중국은 패배한 것이다. 프랑크가 말하듯이 중국 경제가 자체의 콩종튀르에 의해 하강하고 유럽이 그 빈자리를 운좋게 차지한 것이 아니다. 그러면 유럽의 승리는 영원할 것인가? 역사적으로 볼 때 유럽의 우위가 영원히 유지된다는 보장은 없다. '변화'가 유럽의 원동력이었던 만큼 '변화'가 유럽을 쇠퇴시킬 수도 있는 것이다. 브로델은 '변화'라는 역사가의 관점을 견지한다. 이것만으로도 브로델을 '유럽중심주의자'로 몰아붙이는 것이 일방적인 편견임을 말해준다.

1904년에 막스 베버가, 그리고 1912년에 베르너 좀바르트가 그들이 사는 시대의 유럽이야말로 과학과 이성과 논리의 절대적인 중심지라는 느낌을 가졌다는 것은 그 이상 자연스러울 수 없는 일이다. 그러나 오늘날의 유럽인들은 이와 같은 확신, 이러한 우월 콤플렉스를 잃어버렸다. 어째서 한 문명이 다른 문명보다 영원히 더 지적이고 더 이성적이어야 한단 말인가? 막스 베버는 이 질문을 던졌지만 약간의 주저 끝에 원래의 자기 의견을 고집했다. 그에게서나 좀바르트에게서나 자본주의에 대한 모든 설명은 서양의 '정신'이 가지고 있는 구조적이고 논의의 여지없는 우월성에 관한 것이었다. 그러나 이러한 우월성이라는 것 역시 우연의 결과요 역사의 폭력에서 나온 것이며 세계적으로 '카드를 잘못 돌린' 결과이다.

3장

페르낭 브로델의
설명체계

'전체사'로의 모험

페르낭 브로델의 책을 읽은 사람들이 공통으로 느끼는 것은 한 역사가의 책이라고는 믿어지지 않을 정도로 내용이 풍부한 반면 산만하고 비논리적이라는 점이다. 결정적인 순간에 비유와 수사로 넘어가 마무리함으로써 허망하게 만드는 경우가 한두 번이 아니다.

다음과 같은 제노바의 몰락 원인에 대한 설명은 전형적인 브로델류(類)이다.

물이 너무 많아서 잠겨버리면, 물레방아가 돌지 못하는 법이다. 그런 식으로 은도 1590~1595년 동안에 중요 지역들에서 모두 과잉 상태가 되었다. 이런 것이 원인이 되었든지 아니면 다른 원인이 있었든지 하여튼 제노바라는 종이 산은 무너져 앉았다.

도시는 변압기와 같다. 그것은 긴장 즉 전압을 증대시키고 교환
을 가속시켜주며 사람들의 삶을 끊임없이 섞는다.

회화적 표현, 물리학적 표현, 기계적 표현, 수사적 표현 등
이 치밀한 논리를 대신하는 경우가 많다. 이 글을 쓰면서 브
로델의 글을 가급적 많이 인용하려 했지만, 사실 그의 글 자
체가 짜임새가 없어서 인용할 만한 구절을 찾는 데 어려움이
많았다.

이번 장에서는 브로델의 설명 체계에 대해 살펴보려고 한
다. 구체적인 사실에 대한 설명 논리가 아니라 그의 설명을
지배하는 논리를 말하는 것이니, 미셸 푸코가 애용하는 표현
을 빌리면, 에피스테메라 할 만한 것이다. 상식적으로 생각할
수 있는 것으로는 '지리적 설명' '인구적 설명' '물질주의적
설명' 등이 있다. 『지중해』와 『물질문명과 자본주의』를 소개
하면서 이미 여러 차례 언급한 것들이다. 그러니 여기에서는
중복을 피하기 위해 독특하고 흥미로운 설명들을 중심으로
엮어보고자 한다.

설명 체계를 조명하기 전에 유의해야 할 점은 브로델은 일
원론적인 설명을 배격한다는 사실이다. 사실 『지중해』에서

그가 지리-사회-정치라는 구조를 세운 이유가 인간의 삶에 영향을 끼치는 모든 요소를 빠짐없이 고려하기 위함이었음을 기억한다면, 일원론적 설명이 브로델의 설명 체계가 아님을 이해할 수 있을 것이다. 브로델은 『물질문명과 자본주의』에서 추구한 '세계경제사'의 의미를 설명하며 이 점을 강조한다.

> 세계경제사란 따라서 세계의 전체사이되 그것을 경제라는 독특한 전망대에서 바라본 역사이다. 그런데 경제라는 전망대를 선택하든, 아니면 그 외의 다른 어떤 전망대를 선택하든 간에 그것은 사전에 어느 한 일원적인 설명에 우위권을 준 것이며, 바로 이 점 때문에 위험한 것이다. 나 역시 그 위험으로부터 전적으로 벗어나지는 못한다는 것을 알고 있다. 일련의 경제적 사실들에 우위권을 인정하는 것이 아무런 문제가 없을 수는 없다. 아무리 조심해서 그 경제적 사실들을 통제하고 제자리를 잡아주며 또 그것을 넘어서려고 해도, 어떻게 우리가 그 교묘하게 스며드는 '경제주의'와 사적 유물론이라는 문제를 피할 수 있을 것인가? 이것은 사람을 빨아들이는 모래 위를 지나는 것과도 같을 것이다.

또 하나 오해하지 말아야 할 것은, 브로델은 역사적으로 확인한 사실들을 설명하는 것이지 선험적인 법칙이나 도식을 가지고 짜 맞추는 것이 아니라는 점이다. 브로델이 마치 '법칙'인 것처럼 강조한 것들은, 시공을 초월하여 적용되는 보편적인 법칙이 아니라 장기 16세기의 지중해 세계나 전산업화 시대에만 적용되는 역사적 법칙임을 잊지 말아야 한다.

지리적 설명

비잔티움 제국의 수도인 콘스탄티노플이 터키의 수중에 들어가고 나서 1년이 지난 1454년, 신성로마제국 황제의 특사인 에네아 실비오 피콜로미니는 유럽의 위기에 대해 다음과 같이 경고했다.

> 콘스탄티노플이 적의 수중에 떨어지고, 이렇게 많은 교인의 피가 흐르고, 이렇게 많은 사람이 노예로 전락하는 지금 기독교 신앙은 통탄할 정도로 훼손되고 있다. (중략) 사실 수백 년 이래 기독교 세계가 지금보다 더한 치욕을 당한 적이 없다. 왜냐하면 예전에 우리 기독교도들은 단지 아시아, 아프리카 등 낯선 땅에서만 패했으나 오늘 우리는 유럽, 우리의 조국, 우리의 집, 우리

가 사는 곳에서 가장 심하게 당했기 때문이다.[3]

이렇게 기독교 세계의 동쪽에서 '유럽'의 경계가 분명해질 무렵 서쪽에서도 유사한 그러나 종교적으로는 정반대의 사건이 진행되고 있었다. 1492년 기독교 세력은 이베리아반도에 남아 있던 그라나다를 정복한 것이다. 그 후 기독교 정복자들은 이베리아-아프리카 해협의 남쪽 해안을 장악해 들어가기 시작했는데, 스페인의 이익과 부합되는 뚜렷하고 영속적인 관점을 가지고 그렇게 한 것은 아니었다. 1510년에 페논 데 알제를 정복한 후 스페인은 '새로운 그라나다 전쟁'을 포기했다. 스페인이 실속은 없지만 본질적인 과제를 희생하고 대신 이탈리아의 '신기루'와 상대적으로 손쉬운 아메리카에 매달린 것은, 브로델에 의하면, "커다란 비극"이었다. "반은 유럽에 반은 아프리카에 속하는 스페인은 당시 자신의 지리적 사명을 완수하지 못했으며, 그 결과 역사상 처음으로 지브롤터해협은 정치적 경계선이 되었다."

나는 『지중해』를 처음 읽은 이후 브로델의 이 구절을 기억하고 있었다. 스페인에서 지브롤터해협을 지나 모로코로 여행하면서 나는 이 구절을 떠올렸다. 브로델의 말대로 과연 이베리아반도와 모로코는 한눈에 들어올 정도로 가까웠다. 그러니 역사적으로 북아프리카를 점령한 사람들은 당연히 지브롤터해협을 건너 이베리아반도로 진출했으며, 이베리아반도 사람들은 당연히 지브롤터해협을 건너 아프리카로 진출했던 것이다. 유럽과 아프리카는 별개의 대륙이 아니라 지브롤터해협이라는 '다리'를 통해 연결되어 있었던 셈이다. 따라서 스페인이 1492년 이후 아프리카 공략을 포기한 것은 이례적인 일이었다. 바야흐로 유럽의 동쪽에서와 마찬가지로 서쪽에서도 유럽의 지리적 경계가 분명해지고 있었던 것이다.

같은 책에서 브로델은 이 사실에 대해 다시 한 번 언급하는데, 이때는 스페인이 이탈리아의 부(富)를 좇은 것이 오히려 자연스러운 정책이었다고 달리 말한다.

> 아라곤의 정책보다 더 자연스러운 것은 없었다. 오랜 전통의 무게, 과거와 체험 등에 의해 지중해로 이끌렸으며 해안, 항해, 소유지 등이 지중해와 뒤섞여 있던 스페인은 유럽과 지중해의 모든 나라처럼 부유한 이탈리아로 끌려 들어갔던 것이다.

똑같은 책에서 상이한 판단이 나오는 것이 당혹스럽지만, 아프리카를 정복하는 것이 스페인의 지리적 사명이라는 첫 번째 판단보다는 이탈리아로 진출한 것이 자연스럽다는 두 번째 판단이 타당해 보인다. 당시 이탈리아는 신기루가 아니라 부(富)였다. 부는 동쪽에서 들어오고 있었기 때문이다.

지리적 환경이나 위치와 같은 지리적 요소들이 인간의 삶에 영향을 끼친다는 것은 두말할 필요도 없다. 브로델이 강조한 대로 지리의 힘은 장기지속적으로 영향을 끼쳐 반복적으로 되풀이 되는 삶을 구성한다. 인간과 자연의 싸움에서 인간의 힘은 시간이 갈수록 강해져 자연은 더 이상 인간을 좌절시키지 않는 경우도 많다. 아마도 산업혁명 이후 인간은 자연의 오랜 억압으로부터 벗어나기 시작했다고 볼 수 있다. 물론 브로델은, 인간을 짓누르던 천장이 없어진 것이 아니라 더 높은 데로 올라간 것이기 때문에 인간이 '자유'를 얻은 것은 아니라고 말한다. 그러나 산업혁명 이전에는 자연의 강력한 힘이 역사에 작용하고 있었다. 그러니 브로델이 이러한 자연의 힘에 주목하고 그것을 세세히 밝힌 것은 정당하다고 평가할 수 있을 것이다.

이러한 시대에는 지리적 위치라는 것이 대단히 중요했다. 따라서 지중해 세계에서는 이슬람 세계와 가까운 위치에 있던 베네치아 같은 도시국가가 발달할 수 있었다. 다시 말하면 베네치아는 지리적으로 유리한 입지를 확보했던 것이다. 그러나 1492년 아메리카 대륙의 발견으로 대서양 세계가 열리면서 대서양에 가까운 위치에 있는 이베리아반도가 유리해졌다. 그리고 이베리아반도에서도 가장 중요한 곳은 대서양으로의 출구였던 리스본이나 세비야였다. 이렇게 장기 16세기의 지중해 세계는 이슬람 세계와 대서양이라는 두 출구 사이에서 꿈틀거리고 있었다. 그것은 무질서한 움직임이 아니라 규칙적인 움직임이었다. 스페인을 대서양의 운명 속으로 떼민 것은 시소의 강력한 힘이었다. 브로델은 "시소"라는 표현을 즐겨 사용한다. 시소는 한쪽이 올라가면 한쪽이 내려간다. 너무 기계적이지 않은가? 몇 구절을 살펴보자.

北부 이탈리아와 반도 이탈리아의 커다란 대조만을 보는 것이 일반적이다. 그러나 동-서의 대조, 티레니아 해의 이탈리아와 레반트의 이탈리아의 대조는 이보다 덜 눈에 띄지만 그렇다고 덜 실재하는 것은 아니다. 과거 내내 이 대조는 보이지 않는 연동장치 역할을 해왔다. 오랫동안 오리엔트가 판을 쳐왔으며 반도의 옥시덴트보다 앞서 있었다. 반면에 르네상스를 이룩한 곳은 서쪽 피렌체와 로마였다. 그 열기는 16세기 말에야 페라라, 볼로냐, 파르마, 베네치아로 전달된다. 경제적인 측면에서도 마찬가지의 시소. 베네치아가 쇠퇴할 때 제노바가 융성한다. 한참 뒤, 리보르노가 반도에서 가장 앞서가는 도시가 된다. 서쪽, 동쪽. 아드리아 해, 티레니아 해. 이렇듯 거대한 저울대인 이탈리아반도의 이쪽저쪽에서 교대로 이탈리아의 운명뿐만 아니라 전 지중해의 운명이 결정된다.

베네치아는 15세기보다 풍족해지기는 했으나 그 상대적 중요성

을 상실했다. 이제는 더 이상 내해의 중심이 아니었다. 내해의
중요한 활동은 동에서 서로 기울면서, 오랫동안 부의 중요한 분
배자였던 동지중해가 아니라 서쪽 바다 분지를 가차 없이 우대
했다. 이 시소의 움직임은 밀라노에게는 이익을 별로 주지 않았
지만 피렌체와 제노바를 최전면으로 밀어냈다. 제노바는 스페
인과 어마어마하게 큰 아메리카를 손에 넣었다. 피렌체는 리옹
을 만들어냈고 프랑스를 손에 넣었으나 그렇다고 해서 독일에
서의 지위를 잃지는 않았다. 피렌체는 스페인에서도 상당히 광
범위하게 자리 잡았다. 당시 이 두 도시는 그 역할을 단순히 상
품으로만 축소시키지 않고 대규모 금융 거래를 하고 있었던 만
큼 4대 도시 중에서 우위에 서 있었다. 세기 후반이 되면 제노바
가 지휘권을 잡는다.

자본주의의 본가는 '교환'이라는 관점에서 브로델이 중요
시하는 요소는 교역망, 시장 등의 '크기'이다. 영국에 대해
프랑스가 자본주의 경쟁에서 패배한 것, 중국이 유럽과의 자
본주의 경쟁에서 패배한 것을 브로델은 '크기'를 가지고 설
명한다.

프랑스의 경우 타성의 원천은 국가의 크기가 엄청나게 크다는
것 자체에서 기원한 것이 아닐까? 네덜란드와 영국은 영토가 작

아서 상대적으로 더 민활하고 쉽게 통일될 수 있었다.

프랑스는 무엇보다도 그 자신의 희생자, 즉 자신의 두께, 자신의 양, 자신의 거대성의 희생자인 것이다.

(유럽과 비유럽의) 차이의 핵심적인 원인으로 들 수 있는 것은 유럽의 응집력과 효율성인데, 이것도 사실은 유럽이 상대적으로 규모가 작기 때문에 생긴 것으로 보인다. 예컨대 프랑스만 해도 자신의 크기 때문에 시간이 갈수록 영국에 비해서 불리해졌다는 점을 보면, 아시아나 러시아 혹은 이제 막 탄생한 인구가 부족한 아프리카와, 작지만 고전압 상태에 있던 유럽 사이의 차이가 어떠했겠는가를 짐작할 수 있다.

수도의 '위치'가 중요한 것은 물론이다. 브로델에 의하면, 1421년에 명나라가 수도를 남경에서 북경으로 옮긴 것과 1582년에 스페인이 수도를 리스본에서 마드리드로 옮긴 것은 이 두 제국을 자본주의 경쟁에서 도태시킨 결정적인 선택이었다. 경제의 중심지인 수도는 내륙이 아니라 해상 교역의 중심지에 자리 잡아야 한다는 것이다. 교역, 특히 원거리 교역이 중요하기 때문이다.

지리적인 요소를 배제하는 것은 합리적이지 못하다. 그러나 브로델처럼 '크기'를 중시하는 것 역시 합리적이지 못한 것 같다. 중국이 패배한 것은 컸기 때문이요 프랑스가 패배한 것도 컸기 때문이라면, 또 반대로 도시국가들이 영토국가들에게 패배한 것은 작았기 때문이라면, 도대체 크고 작음을 판별하는 기준이 무엇인지 의문이다. 브로델의 역사학은 지리적인 요인을 강조한 것이 특징이지만, 구체적인 역사 공간에 적용하기에는 너무 막연하다는 생각이 든다. 과학적인 역사를 지향한 연구서에서 지리적 요소가 우선적인 위치를 차지하는 것은 어색하다.

인구적 설명

인구적 요소, 즉 인구의 증감을 중시하는 것은 지리적인 요소를 중시하는 것만큼이나 프랑스 역사학의 특징이다. 이러한 점에서 브로델은 프랑스 역사학의 전통을 계승하고 있다고 말할 수 있다. 장기 16세기의 역사를 설명하거나 전산업화 시대의 역사를 설명하는 데 인구적 요인은 가장 기본적이다.

유럽에서나 지중해에서나 장기 16세기의 특징은, 근본적으로 인간의 수적 증가가 전제되었으며 모든 일은 이러한 수적 증가에 좌우되었다는 것이다.

다른 어떠한 문제 이상으로 중요하며 시대의 척도와 방향을 주는 본질적인 문제, 그것은 당연히 사람의 수의 문제이다.

이러한 인구학적인 전진 앞에서는 경제의 위기도 재앙이나 대규모 사망도 무력했다. 의심할 바 없이 이것이 15세기에서 18세기 사이의 세계사의 핵심적인 사실이다. 그것은 생활수준의 차이에서만 중요한 것이 아니었다. 모든 것이 이 전체의 압력에 적응해야 했다.

구체적인 문제에서 인구 증가는 앞에서 살펴보았듯이 아메리카의 은의 대량 유입보다 중요하다. 게다가 인구 증가는 내부적인 현상이기에 내적인 설명에 잘 어울린다. 브로델은 종교적인 박해도 인구적으로 설명한다. 스페인에서의 유태인과 모리스코의 추방, 루이 14세의 프로테스탄트 추방 등도 인구로 설명된다. 자원에 비해 인구가 과잉인 나라에서 종교는 박해의 원인이자 구실이었다는 것이다. 거꾸로 관용도 인구와 함수관계에 있다.

한쪽에는 너무나 많은 사람, 충분하지 않은 말, 다른 한쪽에는 너무 많은 말, 충분하지 않은 사람! 이슬람 세계의 관용은 아마 이러한 불균형으로부터 유래하는 것인지도 모른다. 이슬람 세계는 자기의 손이 닿은 곳에서 사람들을 만나기만 하면 그들이 어떠한 사람이든지 간에 그들을 받아들이기에 열중한다.

마지막으로, 동양과 서양의 식생활에서 곡물이냐 고기냐의 선택 역시 인구수에 달린 것이라고 말한다. 육식을 하기 위해서는 곡물 생산을 위한 경작지 외에도 가축 사육을 위한 목초지가 필요하기 때문에 인구가 많은 지역에서는 불가능하다. 중국에서는 그 많은 인구를 먹여 살리기 위해 쌀농사에 전력을 기울일 수밖에 없었다. 서양에서도 17세기부터 인구가 증가하면서 육식이 쇠퇴하기 시작했다. "인구가 증가하면 식물성 음식을 많이 먹게 된다는 일반적 준칙이 적용"되었던 것이다. 이러한 상황은 19세기 중엽까지 지속되었다. 서양이 다시 육식으로 돌아갈 수 있었던 것은 한편으로는 과학적 목축 덕분이고 다른 한편으로는 아메리카로부터 소금에 절인 냉동 육류를 대량 수입함으로써 가능해졌다. 아메리카 효과인 것이다.

그러나 인구가 모든 것을 설명해주는 것은 물론 아니다. 인구만으로 모든 것을 설명할 수는 없다. 같은 유럽에서도 북유럽이 남유럽에 비해 육식성이었던 것을 인구로 설명할 수 있을까? 같은 지중해 세계에서도 기독교 세계와 이슬람 세계의 식생활을 인구가 좌우했을까? 그렇지는 않을 것이다. 인구는 많은 요인 가운데 하나이다.

인구를 '구조'라고 본다면 사회계층은 '콩종튀르'라고 볼
수 있는데, 브로델의 설명은 인구에 머무르고 있어 아쉬움을
자아낸다.

물질주의적 설명

　브로델에 의하면 근대는 경제가 선도한 시대이다. 그러니 역사가가 경제적인 관점에 우위를 두는 것은 당연하다. 경제의 우위를 인정하는 것은 '종교개혁'의 신화적인 힘을 논파하는 것이고, 막스 베버와 좀바르트의 설명을 거부하는 것이다.

　자본주의를 일정한 심성의 구현이라고 보는 관념적이고 단선적인 설명은 마르크스의 사고를 벗어나려고 했던 베르너 좀바르트나 막스 베버 같은 사람들이 다른 길이 없어서 할 수 없이 택하게 된 출구였다. 우리가 이들의 길을 좇아갈 필요는 없다. 그렇다고 해서 나는 자본주의 속에서는 모든 것이 물질적 사회적이거나 혹은 사회관계에서 나오는 것이라고 보지는 않는다. 의

심할 바 없이 명확한 것이 하나 있다. 자본주의는 하나의 편협한 기원에서 나온 것이 아니라는 점이다. 경제, 정치, 사회, 문화내지 문명이 제각기 자신의 몫을 했다. 그리고 흔히 역사가 마지막 역할을 하면서 누가 이기고 누가 지는지를 최종적으로 결정짓는다.

역사가 결정한다는 것은 경제, 정치, 사회, 문화 등 제반요소들의 힘을 종합해야 한다는 의미이다. 브로델은 종교개혁이 자본주의 발전에 영향을 미쳤다는 것을 부인하지는 않는다. 그러나 그 비중은 대단히 작다. 브로델에게 자본주의발전의 결정적인 힘은 (앞에서 살펴보았듯이) 도시의 발전, 원거리 무역의 활성화, 세계-경제 등이었다. 게다가 종교개혁의 영향이라는 것도 '프로테스탄티즘의 윤리' 같은 정신적인 것이 아니라 네트워크의 형성 같은 물질적인 것이었다.

무엇보다도 종교개혁은 북유럽 국가들의 통합성을 가져다주었다. 그리고 이들 국가를 단결시켜서 남유럽의 경쟁자들에게 대항하도록 부추겼다. 이것은 작은 일이 아니다. 그리고 종교전쟁은 신앙 공동체를 통해서 신교도 사업망의 단결을 가져왔으며, 이것은 적어도 국가 간의 투쟁이 모든 고려 사항보다 우위를 점하게 되기까지의 기간 동안에는 사업에서 중요한 역할을 했다.

자본주의 발생에 대한 또 다른 유력한 설명은 과학적 정신과 합리적 정신이 자본주의적 지성과 돌파력을 갖추게 해주었고 그럼으로써 유럽의 경제성장을 이끌었다는 것이다. 브로델은 이 같은 '합리성' 가설도 받아들이지 않는다. 세계-경제론에서도 살펴보았듯이, 합리성이라는 것은 시장경제에서나 통용되는 것이지 투기의 영역인 자본주의에서는 통용되지 않기 때문이다. 굳이 정신을 따지자면 자본주의 정신은 합리성이 아니라 비합리성이라는 것이다. 강철구 교수의 비판과는 달리, 브로델은 막스 베버를 맹종하지 않았다. '정신' 보다 더 큰 무게를 가지고 있었던 것은 "점증하는 교환의 거대한 양과 너무나도 흔히 모자랐던 화폐량이었다." 브로델은 좀바르트가 유대교에서 자본주의 정신을 찾는 것에 대해서도 반대한다.

> 좀바르트가 이야기하듯 자본주의 정신과 유대교의 주요 교리가 일치한다는 것은 막스 베버의 프로테스탄트 윤리에 대한 설명과 같은 것으로, 그것은 훌륭한 측면과 그렇지 않은 측면을 다 가지고 있다. 똑같은 내용을 이슬람교에 대해서도 말할 수 있다. 이슬람교의 이상과 법적인 틀은 시초부터 상승하는 상업 계급의 이념과 목적에 일치하도록 만들어졌지만, 그렇다고 그것이 이슬람교 자체와 특별한 연관이 있는 것은 아니다.

앞에서 브로델은 종교적 불관용을 인구적인 요인을 가지고 설명했는데, 인구가 유일하고 결정적인 요인이라는 것은 물론 아니다. 인구보다 더 중요한 힘은 경제였다.

> 영국에서는 1290년, 독일에서는 1348~1375년, 스페인에서는 1391년의 세비야의 유태인 박해와 강제 개종, 그리고 프랑스의 경우 1394년 파리에서 유태인들의 최종적인 추방. 주범은 서구 세계의 전반적인 침체이다.

마지막으로, 르네상스에 대한 설명은 대단히 흥미롭다. 르네상스가 일어난 시점은 장기 16세기, 즉 경제의 전반적인 침체기이다. 역사가가 이 두 콩종튀르 사이의 상관관계에 주목하는 것은 당연하다. 르네상스라고 하는 문화적 만개는 경제적 침체의 산물이라는 설명을 브로델은 여러 차례 되풀이한다. 이 같은 강조는 물질주의적 설명을 전형적으로 잘 보여준다.

> 문명의 장기적 움직임, 그것의 전통적인 의미에서의 만개 등은 여전히 우리를 놀라게 하고 당황케 한다. 1480년에서 1509년 사이의 르네상스는 명백히 주기적인 후퇴기에 속한다. 로렌초의 시대는 경제적으로 말해서 음울한 시대였다. 스페인의 황금시

대, 그리고 특히 유럽에서 심지어는 이스탄불에서 17세기의 모든 섬광은 첫 번째의 세기적 반전 이후에 퍼져나갔다. 나는 하나의 설명을 제시했다. 그러나 그것은 무슨 가치를 가지고 있는가? 모든 경제적 문화는 많은 양의 돈을 부자들의 수중에 그냥 쌓아둘 것이다. 투자되지 못하는 이러한 자본을 낭비하는 것이 급기야는 황금시대를 만들어낸다. 이 대답은 문제를 제기하지만 해결하지는 못한다. 르네상스와 바로크 같은 뒤늦은 만개, 그리고 이들 거의 죽은 것과 다름없는 자식들을 이끌고 가는 불편한 사회들에 대한 통상적인 이미지들도 마찬가지이다. 르네상스에 이르러 도시국가는 종식되었고, 바로크에 이르러 제국들은 더 이상 순풍에 돛을 달지 못했다. 문명의 사치스러움은 실패의 신호일 것이다.

사치란 산업혁명 이전 성장이 한계에 부딪힌 사회 내에서 생산된 잉여를 부당하게 건전하지 못하게 그러나 멋지게 비경제적으로 사용하는 것이다.

경기가 안 좋을 때 사회 투쟁이 일어나는데 이때 만개하는 문화는 인민에게 일종의 아편 역할을 한다.

기계적 설명

    브로델은 기계적 비유를 자주 사용한다. "전압의 차이"라는 비유는 전압이 높은 데서 낮은 데로 전류가 흐르듯이, 경제 역시 불평등해야만 위에서 아래로 흐른다는 것이다. 전압의 차가 없을 때, 다시 말해 평등한 상태에서는 물이 흐르지 않듯이 경제도 흐르지 않고 썩는다. 침체기에 빠지는 것이다. 다시 브로델의 표현을 빌리면, "자본의 공회전"은 어쩔 수 없이 문화의 개화를 낳는다. 앞에서 살펴본 '시소'의 비유는 지중해 세계의 무게중심이 동에서 서로 옮겨간 것을 설명한다. 이렇게 브로델의 지중해 세계는 여러 가지 리듬에 의해 규칙적으로 움직인다. 리듬이 콩종튀르와 동일한 의미를 가지는 말임은 물론이다.

인간의 역사는 일반적인 논리로는 설명하기 힘든 권위적인 전체적 리듬에 복종하는가? 나는 분명히 그렇다고 믿는다. 비록 그것이 사람을 당황하게 만드는 요인이 있기는 하지만 말이다. 이것은 마치 기후 사이클이 존재한다는 것은, 분명히 증거를 가지고 이야기할 수 있으나 학자들도 그 기원에 대해서는 추측 이상의 것을 넘지 못하는 것과 비슷하다. 나는 세계의 물질의 역사와 경제의 역사에 리듬을 부여하는 조수와 같은 이 운동들을 믿는다.

브로델은 "규칙" "통칙" "메커니즘" "법칙" "물리적 법칙"이라는 표현을 사용하는 데 망설임이 없다.

바다의 전체적인 삶은 한곳에서 방해를 받으면 당대인들이 항상 파악하고 있었던 것은 아닌, 그러나 몇몇 역사가만이 감을 잡고 있는 균형의 법칙에 의해 필요불가결한 보상을 다른 곳에서 찾아낸다. 그리하여 15세기 터키의 진출은 레반트 지역을 혼란스럽게 했다. 그러나 서유럽의 상업은 전에 없이 북아프리카로 집중되었다. 마찬가지로 16세기 말의 경제적인 분출력은 지중해의 삶을 남부 독일과 중부·동부 유럽으로 이끌었다. 다시한 번 이것은 분명히 보상과 관계가 있다.

마치 파도처럼 끊임없이 계속되는 장기적 변동들과 반장기적 변동들은 세계사적 법칙이다. 이것은 먼 곳으로부터 우리에게까지 전해져 왔고 앞으로도 영구히 계속될 법칙이다.

여기서 '보상'은 앞의 '시소'의 비유와 비슷하다. 나는 이러한 제로섬 법칙이야말로 브로델의 역사 인식을 지배한 기본 구조가 아닐까 생각한다. 시소는 단순히 동서의 보상만이 아니라 사회적인 차원에서 위아래의 보상을 설명하는 이미지이다. 사회적 시소는 그의 책에서 자주 발견된다.

상층 영역이 진보하고 경제의 잠재력이 성장하는 데는 이런 식으로 일반 대중의 고통이라는 대가가 따르게 된다. 일반 대중의 수는 생산과 비슷하게, 어쩌면 그보다 빠른 속도로 증가한다. 그리고 아마도 이런 인구 증가, 사람들의 교역과 노력의 증가가 생산성의 증가로 보상받지 못하게 되었을 때, 모든 것이 이완되고 위기에 도달하게 되며 그 다음에는 움직임이 역전되고 하락세가 시작된다. 이상한 것은 상층구조가 후퇴할 때 일반 대중의 생활수준이 향상되고 실질임금이 다시 상승한다는 것이다. 1350년부터 1450년 사이의 기간은 유럽이 겪은 가장 큰 쇠퇴기의 하나이지만, 소시민들의 일상생활에서는 일종의 황금기였다는 사실이다.

1450년과 1650년 사이의 이 200년 동안 하나의 통일성을 이루었다는 것은 분명 많은 설명을 요구한다. 원인이건 결과이건 대규모의 인구 상승이 이 200년을 관통한다. 그것은 시간과 장소에 따라 정도의 차이가 있기는 하지만, 그러나 관찰이 가능한 한 결코 중단되지 않는다. 그렇지만 세기적인 상승 추세, 그것은 (이미 우리가 살펴보았듯이) 생활수준의 상승을 뜻하지는 않는다. 적어도 18세기 말까지 경제적 상승은 언제나 점증하는 대중의 희생 속에서, '사회적 학살' 속에서 이루어졌다.

1850년이라는 시점은 영국과 대륙 모두에게 또 하나의 의미 있는 시점이다. 이번에는 가격이 상승하고 임금도 그 움직임을 따라갔다. 드디어 지속 성장이 등장한 것이다. 이렇게 해서 나는 논쟁의 핵심에 도달했다. 영국이 근대화하는 과정에서 지불한 대가가 무엇인가 하는 이 문제에 대해서 너무나도 많은 역사가들이 일부러 논의를 회피했다. 이 문제를 처음 논의한 역사가들과 마찬가지로 나는 영국 대중의 복지 수준이 하락했다고 믿는다. 농업 노동자이든 공장 노동자이든 혹은 수송업 종사자이든 실질임금이 하락한 것이다.

영국 민중은 승리의 대가를 비싸게 치렀다는 말이다. 혹시 이 말은 영국의 승리는 산업혁명의 승리요, 그것은 영국 민중의 희생을 토대로 했음을 강조하는 말인가? 그리하여 유럽의 세계 지배가 제국주의의 승리요 비유럽의 희생을 토대로 했다는 주장을 사전에 봉쇄하는 것인가? 이러한 문제 제기가 불가능한 것은 아니겠지만, 나는 브로델이 영국의 상층과 하층계급의 불평등을 비판할 뿐이지 영국과 제3세계를 염두에 두고 있다고는 생각하지 않는다. 마지막으로, 이러한 분석에서 중요한 것은 (서두에도 말했듯이) 브로델이 하나의 보편적인 법칙을 말하고 있지는 않다는 점을 인식하는 것이다. '사회적 학살'이니 실질임금의 하락이니 하는 것은 모두 역사적인 현상이요 사실이지 보편적인 법칙은 아닌 것이다. 다시 말하면 실질임금의 하락이라는 현상은 산업혁명 이전의 현상일 뿐 산업혁명 이후에는 그렇지 않다는 것이다.

3부

브로델 이후 세대

Fernand
Braudel

영원한 것은 없다. 만물은 유전(流轉)한다. 밀물과 썰물, 상승과 하강, 고(高)와 저(低)는 브로델 역사학의 기본적인 이미지이다. 그가 법칙으로까지 격상시킨 콩종튀르란 바로 이러한 상승과 하강을 반복하는 움직임이다.

브로델의 역사학 자체가 이러한 콩종튀르를 보여준다. 브로델이 제2차 세계대전 이후에 제시한 전체사, 지리적 역사, 과학적 역사 등은 한 세대를 넘기지 못하고 하강했다. 브로델 이후 세대는 '새로운 새로운' 역사를 추구했다. 그것은 '새로운 역사'의 부정이었지만 그렇다고 전통적인 역사로의 복귀는 아니었다. '새로운 새로운' 역사의 터를 잡은 것은 바로 '새로운 역사'였으며, 이러한 점에서 브로델의 역사학은 계속 살아 있다고 말할 수 있다.

브로델이 보여준 '새로움' 가운데 장기지속적으로 남아 있는 것은 바로 그 '장기지속' 개념이 아닐까 싶다. 변화하는 것에 주목하는 것이 역사가의 일반적인 심성인 데 반해 브로델은 변하지 않는 것, 오랜 세월 동안 반복적으로 나타나는 것에 주목했다. 그것이 하나의 '구조'로서 우리의 삶에 영향을 미친다는 것은 부정할 수 없다. 아무리 브로델 이후 세대가 브로델의 역사학을 따르지 않았다 해도, 구조의 존재와 힘을 부정하는 것은 불가능하다. 숨 돌릴 틈도 없이 새로운 것이 습격하는 시대에 변하지 않는 것을 관조하는 여유를 누리는 것은 역사가의 특권일지도 모른다.

구조에서 인간으로

"인간은 장기지속적인 구조에 갇혀 있는 수인(囚人)." 브로델 스스로 규정한 브로델 역사학의 특징적인 모습이다. 구조는 감옥이다. 감옥에 갇혀 있는 인간에게는 자유가 없다. 달리 말하면 역사 속의 인간은 자유롭지 못하다. 브로델에게 개인은 바다 위의 출렁거리는 물결과 같고, 공중을 떠다니는 먼지와 같은 존재이다. 스스로 움직이는 것 같지만 사실은 거역할 수 없는 힘에 이끌려 움직일 뿐이다.

브로델이 『지중해』에서는 '구조'의 장기지속적인 힘을 강조하고 『물질문명과 자본주의』에서는 '가능성의 한계'를 강조한 것은, 구조주의 역사학의 전형이다. 이 같은 역사학에 반대하는 역사가들(예컨대 알베르 소불)은 역사는 본질적으로 움직임인데 브로델의 역사는 '움직이지 않는 역사'이기 때문에 역사 자체의 부정이라고 보았다. 또 브로델의 '감옥'에는 아예 '수인'조차 없다는, 다시 말해 인간이 없다는 비판도 제기되었다. 정말 브로델의 역사학에 '변화'도 없고 '인간'도 없다면, 그의 역사학은 역사학이 아닐 것이다. 그러나 브로델이 레비스트로스가 제창한 구조주의 인류학의 초시간성을 비판한 것을 상기한다면, 브로델의 장기지속적인 역사학을 초시간적이라거나 무시간적이라고 비판하는 것은 정확하지 않다. 또 브로델이 『지중해』의 제1부 "환경의 몫"에서 거대한 환경의 몫과 함께 '인간의 몫'을 인정했음을 안다면, 브로델의 역사학이 비인간적이라는 평가 역시 정확하지 않다. 하나의 예만 확인해보자.

지중해는 오랫동안 자신의 거대한 이웃을 지배했으며, 지중해의 쇠퇴는 이러한 지배력의 상실로부터 설명된다고 말하는 편이 나을 것이다. 반복하자. 지리적 공간이 역사를 만드는 것이 아니라 이 공간을 지배하거나 만들어낸 인간들이 역사를 만든다.

그렇다고 해서 브로델의 역사학을 구조주의적이라고 평가하는 것이 그른 것은 아니다. 그러나 브로델 이후의 세대들은 브로델의 구조주의 역사학을 따르지 않았다. 1968년 이후 아날학파의 방향키를 물려받은 젊은 역사가들, 소위 말하는 아날학파의 제3세대와 제4세대들은 인류학적 역사 내지 신문화사로 새로운 역사학의 방향을 잡았다. 구조에서 인간으로 이동한 것이다. 그런데 이들은 브로델의 제자들인가? 그렇지 않았다. 그들은 한결같이 에르네스트 라부르스의 제자들이었다.

단절

브로델을 계승하여 『아날』의 편집 책임을 맡은 역사가들(자크 르 고프, 엠마뉘엘 르 루아 라뒤리, 마르크 페로)을 위시한 제3세대 역사가들은 대체로 1945년 직후에 대학에서 공부한 세대이다. 이들은 마르크스주의 내지는 스탈린주의에 매료되어 공부와 정치 투쟁을 병행하다가, 1956년 소련의 헝가리 침입 사건을 계기로 이데올로기의 환상에서 벗어난 역사가들이다. 이들은 1960년대 박사 학위 논문을 발표했는데, 대부분 에르네스트 라부르스가 이들의 박사 학위 논문 지도를 맡았다. 당시 콜레주 드 프랑스의 교수였던 브로델은 박사 학위 논문을 지도하거나 학위를 수여할 수 있는 지위에 있지 않았기 때문에 이러한 현상은 제도적으로 어쩔 수 없는 일이었다. 그러나 그것만이 아니었다. 이데올로기적인 차원에서도 젊은 역사가들의 존경심은 저명한 마르크스주의 역사학자였던 에르네스트 라부르스에게로 향하고 있었다. 브로델이 아니라 라부르스가 이들의 이념적 갈증을 풀어주었기 때문이다.

1974년 라부르스에게 기념논문집이 헌정되었다. 준비위원장을 맡았던 브로델이 '새로운 역사의 완전한 창조자'를 위해 '축도' 했고, 31명의 역사가들이 라부르스의 역사학을 기념하는 글을 게재했다. 피에르 쇼뉘는 다음과 같이 브로델과 라부르스를 비교했다.

> 어떠한 책도 이 책(『소고(小考)』와 『위기』는 하나의 책이다)[4]만큼 영향을 미치지 못했다. 이보다 시간적으로는 약간 뒤에 나왔지만 이 정도 수준의 책으로서 우리의 뇌리에 떠오르는 『지중해』도 과학적이라기보다는 예술적인 책이었기 때문에 (따라서 모방할 수 없는) 똑같은 무게를 지니지 못했으며, 또한 『지중해』가 국제적인 파급에서(외국어의 번역 상황을 보라) 엄청났고 지속적이었지만, 적어도 프랑스 내에서만큼은 라부르스의 저술만큼 깊고 지속적이고 큰 영향을 주지는 못했다.

라부르스 현상과 브로델 현상을 비교한 후, 쇼뉘는 "오늘날 모든 프랑스 학파는 라부르스류이다"라고 단정 지었다. 아날학파에는 직접적으로 참여하지 않은 라부르스의 제자들이 아날학파를 접수한 것이다. 아마도 일반적인 선입견과는 달리 아날학파라는 것이 학문 계보적으로나 이데올로기적으로나 뚜렷이 구분되는 집단이 아님을 말해주는 증언이 아닐까 한다. 쇼뉘만 이렇게 말한 것이 아니었다. 대표적인 아날리스트들 모두가 쇼뉘의 진술에 동의했다. 몇 사람의 증언을 더 들어보자.

브로델과 제3세대 사이에서 2.5세대라는 평가를 받기도 하는 조르주 뒤비는 『지중해』를 금세기의 가장 위대한 역사서 가운데 하나로 꼽을 정도로 브로델의 학문을 높이 평가했으며, 브로델의 도움을 많이 받았고 좋은 인간관계를 유지했다. 그러나 그는 피에르 노라와의 대담에서 "나는 브로델과 가깝게 지냈지만 그의 영향을 받지는 않았다"라고 분명히 선을 그었다.

프랑수아 퓌레, 그는 제2차 대전 직후에 소르본 대학에서 좌익 운동을 주도했으나 스탈린주의에 환멸을 느끼고 우익으로 전향한 역사가로, 프랑스혁명 해석을 주도하던 마르크스주의자 알베르 소불에 맞서 자유주의적인 수정주의 해석을 제창하여 프랑스혁명사 논쟁에 불을 붙인 인물이다. 그는 브로델과 자크 르 고프 뒤를 이어 사회과학고등연구원 총장을 역임한 대표적인 아날리스트인데, 그 역시 라부르스주의자였다.

페르낭 브로델과의 만남은 나에게 결정적이었다. 철학적이나 방법론적이라기보다는 제도적으로 그러했다. (중략) 지적인 면에서 나에게 가장 많은 영향을 준 사람은 에르네스트 라부르스였다.

퓌레와는 달리 마르크스주의자였으며 '집단심성'이라는 차원에서 프랑스혁명사 해석을 시도한 미셸 보벨은, 라부르스류의 '과학적' 시각으로 볼 때 브로델의 전체사는 앙시앵 레짐적, 직관적이라고 평하면서 자신은 "브로델주의자라기보다는 라부르스주의자"라고 분명히 말한다. 1978년에 자크 르 고프와 함께 『새로운 역사』라는 아날학파의 사전 편찬에 참여했으며 그 후 『아날』의 편집에 참여한 자크 르벨은, 브로델의 책은 "모방할 수 없는 책"이며 "브로델은 계승자가 없다"고 단언한다. 1981년 『아날』의 편집진에 합류했으며 1986년에 『역사학 사전』을 편찬한 앙드레 뷔르기에르는 "아날학파"라는 항목에서 다음과 같이 말한다. "시미앙의 제자인 라부르스는 계승권에 의해 아날에 들어왔지만 마르크스주의적 도식에 대해 거부감을 가지고 있지 않았다. 그런데 1950년대 아날학파에 가담한 대부분의 젊은 역사가들은 그의 제자였다."

1974년 브로델을 계승하여 콜레주 드 프랑스의 교수가 된 엠마뉘엘 르 루아 라뒤리는 "움직이지 않는 역사"라는 브로델적인 제목의 취임 강연을 했다. 14세기에서 18세기까지 역사는 "불변의 엄격한 천장으로 언제나 되돌아가려는 추세"를 보여주었기 때문에 "움직이지 않는 역사"라는 것이다. '4세기라는 긴 시간대'와 '천장' 등의 개념이 브로델의 『물질문명과 자본주의』를 연상시킨다. 그러나 엠마뉘엘 르 루아 라뒤리 역시 라부르스에게서 논문 지도를 받았으며 이후에는 인류학적 역사를 개척한다.

이렇게 세대와 이데올로기에 관계없이 아날리스트들은 브로델이 아니라 라부르스의 영향을 받았으며, 이들은 브로델의 역사학은 계승자가 없다고 이구동성으로 말하고 있는 것이다. 이러한 '단절'을 어떻게 설명할 수 있을까? 우선 제도적인 차원에서 학위 수여권을 가진 대학교수가 아니었던 것이 가장 직접적인 이유일 것이다. 브로델은 제2차 대전 직후 미국의 재단들(포드 재단과 록펠러 재단)이 제공한 연구비를 관리하면서 마르크스주의의 독성을 없애는 데 앞장섰다는 의심을 받았다는 사실도 고려할 수 있다. 당시 프랑스 공산당은 아날학파를 수정주의자 집단이라고 비판했으며, "모든 정직한 역사가들이 브로델에게 투쟁할 것"을 요구했다. 당시 공산당 당원이었던 젊은 역사가들이 공산당의 요구에 부응하여 행동으로 나서지는 않았지만, 그들과 브로델 사이에는 이데올로기적 전선이 형성되었을 것으로 생각할 수 있다. 학문적 차원에서 브로델의 지리적 설명은 비록 그것이 프랑스의 비달 지리학파*를 계승한 것이요 프랑스 역사학의 전통에 속하는 것이었지만, 이미 사회경제사적 분석에 매료되어 있던 젊은 역사가들에게는 비과학적인 설명으로 인식되었다. 『지중해』를 장식하고 있던 통계와 도표들이 과학적 엄밀성을 인정받은 것도 아니었다. 브로델 스스로 그것을 하나의 '무게 재기'나 수사학으로 여기지 않았던가? 쇼뉘가 말하고 있듯이 『지중해』는 "예술품"으로 받아들여졌으며, 르벨이 말하듯이 브로델의 장기지속적인 전체사는 "모방할 수 없는" 것이었다. 르벨은 1970년대의 현상인 '역사학의 분해'를 오히려 긍정적으로 평가한다.

집단심성사

인적인 차원에서만의 단절이 아니었다. 브로델 이후 세대는 브로델의 역사학을 따르지 않았다. 1985년 개최된 '브로델 학술제'에서 브로델 스스로 이점을 인정하고 있다.

> 나의 역사 개념은 (중략) 전체사의 개념, 즉 모든 인간과학에 의해 부풀려진 역사이다. 단지 그것들 가운데 하나를 선택하여 그것과 결연하는 것이 아니라, 모든 인간과학들과 함께 사는 것이다. (중략) 내 후계자들은 나보다 더 합리적이다. 그들은 무엇보다도 집단심성사를 발전시켰다.

심성(mentalité)은 사전적으로는 '집단정신 자세'라는 의미를 지니고 있지만, 역사가들이 그렇게 경계를 분명히 한 것은 아니다. 자크 르 고프는 집단심성사를 "모호한 역사"라고 규정지었는데, 그만큼 그것은 다양한 종류의 주제를 망라하고 있다는 의미이다. 잠시 심성사(心性史)의 계보를 살펴보자. 이 단어를 처음 사용한 사람은 인류학자들이었다. 뤼시앵 레비브륄은 1910년에 하층사회에서의 심성적 기능을 분석했고 1922년에는 원시적 심성에 대해 논했는데, 기본적으로 그것은 전(前)논리적 행위가 지배하는 문화를 파악하기 위한 개념이었다. 당시 이들과 함께 스트라스부르 대학에 근무하면서 '토요일의 회합'이나 『아날』을 통해 학문 교류를 나누고 있던 뤼시앵 페브르와 마르크 블로크는 이 개념을 역사학에 도입했다. 페브르는 「역사에서의 감성」「마술, 어리석음인가 집단심성적 혁명인가」「느낌의 역사, 대공포」「역사에서의 죽음」같은 논문을 통해 심성사라는 새로운 영역을 개척했으며, 대표작인 『16세기의 무신앙 문제』에서는 모범을 보여주었다. 16세기에는 수학, 철학, 과학 같은 '심성적 도구'의 수준이 체계적인 무신론 전개를 허용하지 않았기 때문에 라블레처럼 뛰어난 사람도 무신론자가 될 수 없었다는 것이다. 페브르가 말한 심성이란 인식론적 가능성의 한계였다. 브로델이 『물질문명과 자본주의』에서 물질적 한계를 찾아보았다면, 페브르는 정신적 한계를 찾아본 것이다. 브로델식으로 말하면 16세기인들은 신앙이라는 심성적 감옥에 갇혀 있었다. 페브르의 이 같은 심성사는 기존의 심리사(心理史)와는 차원이 다른 것이었다.

페브르와는 다소 다른 방향이기는 하지만, 블로크 역시 집단심성사에 관심을 기울였다. 그의 최초 작품인 『병을 고치는 왕』(1924)은, 프랑스 국왕이 연주창이라는 피부병에 걸린 사람들의 환부에 손을 댐으로써 병을 고치는 신통한 능력을 가지고 있다는 집단 믿음에 대한 인류학적 연구이다. 대표작인 『봉건사회』에는 '심성적 분위기의 삶의 조건들' '느끼는 방식과 생각하는 방식' '혈연관계' '삶에 대한 집착' '신경계의 균형' '시간 감각' '안전에 대한 느낌' '식생활의 태도' '언어 현상' 등 인류학적 주제에 대한 폭넓은 관심이 펼쳐진다.

그러나 역사의 과학화를 추구하던 브로델의 시대에 들어서 심성사는 역사가들로부터 외면을 받았다. 심성사는 다른 곳에서 계속되었다. 미셸 푸코는 한 시대에는 인식의 지평과 문화적 구조를 가능하게 해주는 하부구조(그의 표현에 의하면 에피스테메)가 있다고 생각했는데, 푸코의 에피스테메는 페브르의 집단심성과 다르지 않은 것이었다. 이러한 의미에서 브로델은 푸코야말로 페브르의 유일한 계승자였다고 말할 수 있었다. 아카데미 밖의 역사가인 필립 아리에스는 『죽음

앞의 인간』(1977)에서 문학작품, 전례서, 유언장, 비문, 성상 등에 나타난 죽음에 대한 표현을 분석하여, 서구 천년의 역사는 자아의식, 야만적인 자연에 대한 방어, 사후 세계에 대한 믿음, 악의 존재에 대한 믿음이라는 네 개의 심리적 요소가 변화함에 따라, 친숙해진 죽음, 나의 죽음, 너의 죽음, 전도된 죽음이라는 단계로 변해왔다고 주장했다. 삶의 주위에 붙어 있는 죽음이 망령이나 복수 등의 형태로 되돌아올 것에 대한 공포, 삶의 유한성, 허무 등으로 표현되는 죽음에 대한 감상적 관조, 죽음을 이별, 상실, 추억과 애정 속의 재생 등으로 인식하는 태도, 다시 말해서 다른 사람의 죽음에 자기 고통을 전이시키고 고착시키는 태도 등 인간이 죽음에 부여한 의미를 그 내적 논리에 따라 재구성하여 '비밀스러운 변화'를 밝히는 작업은 매력적이다.

역사가 가운데 심성사를 계승한 사람은 페브르와 인연을 가지고 있던 로베르 망드루와 조르주 뒤비였다. 페브르의 '사도'였던 로베르 망드루는 1968년 제출한 박사 학위 논문 『17세기 프랑스의 법관과 마녀—역사 심리학적 분석』에서 페브르와 동일한 문제에서 출발하여 동일한 결론에 도달했다. "그 심원한 구조에서 16세기 말 17세기 초의 가장 개명된 사람(법관)이라도 오늘날의 가장 개명된 사람의 심성과는 근본적으로 다르다"에서 출발하여 "17세기에 마녀사냥이 포기된 것은 수 세기 동안 이러한 세계관을 구성하고 있던 심성적 구조의 탈골을 의미한다"라는 결론에 도달한 것이다. 이렇게 확인된 '집단심성'이란 시대마다 가지고 있는 고유 정신을 의미하니, 독일 정신사에서 말하는 '시대정신'과 다르지 않았다. 심성사와 관련하여 가장 중요한 아날리스트는 조르주 뒤비이다. 1970년의 콜레주 드 프랑스 교수 취임 강연에서 뒤비는 중세사 연구의 새로운 분야로 집단심성사를 제안했다.

> 우리는 두 가지 점에 특별히 유의해야 합니다. 첫째, 중세 경제를 연구하는 역사가들은 현재 상황에 기초했기 때문에 사용해 보면 시대착오적이거나 왜곡된 것임이 드러나는 경제학 개념을 과거를 관찰하는 데 다소 무분별하게 적용했다는 사실입니다. 즉, 그들은 서양 중세처럼 본질적으로 농촌에 뿌리를 둔 문명 세계에서의 화폐의 역할 및 교환의 성격에 대해 정확한 정의를 내리지 않은 채, 상업 활동과 화폐의 유통에 무의식적으로 특권적인 중요성을 부여해왔다는 것입니다. 이와 관련, 몇몇 인류학적 연구 결과는 도움을 줄 것입니다. 둘째, 이는 더 심각한 문제인데, 토지세 징수 대장, 호적 대장, 토지 대장 등을 읽고는 가장들을 재산 위계상의 상이한 수준에 위치시키거나, 또는 임대차 계약이나 고용계약상의 용어를 해석하여 노동자가 착취당하고 있었다는 점을 밝혀내거나, 또는 조세 대장을 분석하여 인구 변

화 추세를 가늠하는 정도로 한 사회에 대한 분석을 끝마쳤다고 생각하는 것은 잘못이라는 것입니다. 사실 개인이나 집단이 자신들의 상대적 위치에 대해 가지는 느낌, 그리고 이 느낌이 촉발하는 행동 등은 그들이 처한 경제적 조건의 실상이 아니라 그들이 이 실상에 대해 품는 이미지에 의해 결정됩니다. 이 실상과 이미지는 결코 동일하지 않으며 항상 심성적 표상의 복잡한 게임에 의해 굴절됩니다. 사회 현상을 경제 현상의 단순한 연장선 위에 놓는 것은 질문표를 축소시키는 것이고, 문제를 빈약하게 만드는 것이며, 본질적인 역선들을 분명하게 파악하기를 포기하는 것입니다.

따라서 경제사가 시작되었을 때부터 이미 몇몇 역사가들은, 고대사회의 물질적 토대에 대한 연구는 개인의 행동을 지배하는 의식(儀式), 신앙, 신화 등 집단 심리적인 측면을 연구함으로써 보완되어야 하며, 경제적 사실들과의 함수관계 못지않게 직접적이고 필수적인 이러한 사실들과의 함수관계 속에서 사회적 관계들이 정돈될 것이라고 생각했습니다. 이렇게 해서 서서히 그리고 많은 주저와 함께 우리가 어쩌면 부적절하게 심성사라고 부르는 역사가 생겨났습니다.

위 인용문에서 우리는 시대착오를 경고하는 페브르의 목소리, 인류학적 연구를 강조하는 블로크의 목소리를 들을 수 있다. 중세사가인 뒤비는 블로크를 계승했으며 페브르의 집단심성사를 발전시킨 인물이다. 뒤비가 말한 집단심성사는 페브르의 역사와 블로크의 역사를 결합시킨 역사라고도 말할 수 있을 것 같다. 뒤비가 집단심성사라는 말이 부정확하다고 한 것은, 역사가들의 집단심성사에는 심리적인 내포만 들어 있는 것이 아니라 물질적인 내포도 들어 있기 때문이었다. 뒤비는 집단심성사를 사회경제사적인 토대 위에 위치시킴으로써 독일의 정신사처럼 인상주의로 빠질 위험성을 예방할 수 있었던 것이다.

자크 르 코프에 의하면, '장기지속'의 세대, 즉 브로델 이후 세대는 근대화된 마르크스주의, 브로델, 인류학이라는 유산을 공유한 세대이다. 르 고프는 『새로운 중세를 위하여. 시간, 노동, 문화』(1977)에서 다음과 같이 구체적으로 '인류학적 역사'를 제안한다.

> 또 다른 중세, 그것은 무엇보다도 시대착오에 빠지지 않은 채, 우리에게 우리 자신의 기원에 대한 몇 가지 열쇠를 회복시켜준다. 그것은 우리의 신화를 살찌우는 제반 현실(굶주림, 숲, 방랑, 거지 생활, 문둥병, 페스트, 죄악, 약자와 빈자에 대한 강자의 지배)에다가, 언제나 우리의 삶의 터전인 도시, 국가, 정부, 대학, 물레방아, 기계, 시간과 시계, 책, 포크, 속옷, 인간, 의식, 그리

고 궁극적으로 혁명과 같은 창조물을 연결시킨다.

또 다른 중세, 그것은 나아가 특히 새로운 역사의 특권적 영역이다. 일상의 역사, 장기간의 역사, 심층의 역사, 상상의 역사이다. 이 중세에 사람들은 교회의 시간, 상인의 시간, 노동의 시간과 같이 다양한 리듬을 가진 시간 속에서 살았다. 이 중세에 사람들은 육체노동과 정신노동 사이의 틈을 더욱 심화시키면서, 서서히 자연을 지배하는 것을 가르쳐준 경제적·기술적 조건 속에서 일했다. 이 중세에 문화는 새로운 엘리트들의 온상이었던 대학의 정교한 스콜라주의 사이에서, 그리고 교회 카스트의 현학적 문화와 성직자들의 다각적 투쟁에 부딪힌 민중 문화 사이의 복잡한 관계 속에서 발전해갔다.

이렇게 브로델 이후 세대의 역사가들은 물질주의와 기계주의에 밀려나 있던 삶과 삶의 유기적 가치에 대해 관심을 기울였다. 가족, 공동생활, 전통적인 사회성, 신화, 축제, 민중 신앙, 종교 의식(儀式), 상징, 결혼, 성(性), 범죄, 광기, 죽음 등 그야말로 인류학적인 주제들이 『아날』을 장식했고, 제3세대 역사가들의 연구를 인도했다. 브로델의 전체사가 인류학적인 주제들로 해체된 것이다.

브로델류의 사회경제사 내지는 전체사에서 인류학적 역사로의 이행을 잘 보여주는 사람은 엠마뉘엘 르 루아 라뒤리

이다. 르 루아 라뒤리가 1960년에 제출한 박사 학위 논문인
『랑그독의 농민들』은, 토지대장에 있는 인구와 토지 소유 면
적의 관계를 계량적으로 분석하여 15세기 말까지는 토지 집
중이 진행되다가 1500년 이후에는 토지 분할이 시작되어
1580년에는 극에 달했다가 다시 토지 집중이 재현되다가
1750~1770년부터는 다시 토지 분할 현상이 나타나고 있음을
추적한 책이다. 브로델의 역사처럼 거대하고 장기지속적이
며, 특히 콩종튀르의 사이클이 뚜렷하다. 그러나 1975년에
발표한 『몽타유. 랑그독 지방의 마을. 1294~1324년』은 『랑그
독의 농민들』과는 판이하게 다른, 인류학적 역사의 전형적인
면모를 보여준다. 역사가는 카타르파라는 혐의 때문에 이단
심문을 받았고 그 덕분에 역사적으로 소생된 이들 불행한 농
민들의 삶을 재구성했다. 역사인류학을 하고 싶은 사람은 이
책의 목차부터 살펴보라는 말이 나올 정도로 역사가는 환경
과 권력, 가정, 몸짓과 성(눈물과 기쁨, 예절과 인사, 이 잡기와
위생, 사랑, 동성연애), 결혼, 여성, 아이, 죽음, 사회성, 심성적
도구(시간과 공간), 자연과 운명에 대한 느낌, 마술, 구원, 종
교적 실천, 부끄러움과 범죄, 가난, 민속과 유령 등등 참으로
미세한 주제들을 다루고 있다.

이렇게 1970년대에 브로델로부터 아날학파를 물려받은
제3세대 역사가들은 집단심성사 혹은 인류학적 역사에 몰입

했다. 브로델의 『지중해』에 이어 아날학파의 빛나는 연구서들이 역사학계에 신선한 충격을 준 시기가 바로 이때이다. 프랑스 밖에서 브로델 현상이 소용돌이치고 있을 때, 프랑스 안에서는 제3세대 역사가들이 탈(脫)브로델적인 '새로운 역사'를 실험하고 있었던 것이다. 브로델이 『물질문명과 자본주의』 제1권에서 보여준 '일상생활의 구조'는 '일상생활사'라는 점에서 '인류학적 역사'에 포함시킬 수 있다. 그 정도로 인류학적 역사의 흐름이 강력했다는 증거일 것이다.

1980년대 아날학파를 주도한 역사가들을 제4세대라고 부른다. 제4세대의 아날학파는 로제 샤르티에에 의해 인도되고 있다. 로제 샤르티에를 제4세대 아날리스트로 구분하는 것은 그가 문화사라는 영역에서 새로운 역사 실험을 하기 때문이다. 린 헌트는 로제 샤르티에의 문화사를 '신문화사'로 구분한다. 신문화사는 고전적인 문화사와는 어떤 점에서 다른가? 부르크하르트의 고전적인 문화사가 엘리트 문화에 주목하는데 반해, 신문화사는 대중문화에 주목한다는 점에서 큰 차이를 지적할 수 있을 것이다. 이러한 점에서 신문화사는 사회사에서 집단심성사(인류학적 역사)로 이어지는 현대 역사학의 자연스러운 발전 결과라고 말할 수 있다. 그러나 이것뿐만이 아니다. 역사 인식적인 차원에서 신문화사는 과학적인 역사학과의 단절이다. 신문화사에는 포스트모더니즘의 영향이 강하게 나타난다. 샤르티에의 주요 작품을 통해서 이러한 변화를 확인해보자.

샤르티에의 첫 번째 주요 작품은 『앙시앵 레짐기 프랑스의 책 읽기와 독자들』(1987)이다. 우선 책의 제목에서부터 관점의 전도(顚倒)를 느낄 수 있다. 고전적인 문화사라면 저자와 책에 주목했겠지만 샤르티에는 독자와 책 읽기에 주목한다. 그것은 책의 내용이 고정적으로 '실재'한다고 보지 않기 때문이다. 책의 내용은 읽는 사람과 읽는 방식에 따라 달라진다. 독자들은 수동적이지 않다. 독자들은 나름대로의 방식으로 자유롭게 책을 읽고 수용한다. 이것이 바로 샤르티에가 애용하는 전유(appropriation) 개념이다. 책 읽기를 중요하게 보는 점에서 사회사와의 차이점이 두드러진다. 사회사가들은 책의 소유 현황과 종류 등을 계량적으로 확인하는 데 그쳤지만 정작 중요한 것은 책을 읽었는가, 어떻게 읽었는가에 있기 때문이다. 샤르티에의 신문화사는 이처럼 어려운 문제를 제기하고 해결을 시도했다는 점에서 높은 평가를 받을 만하다. 샤르티에의 관점은 『프랑스혁명의 문화적 기원』(1991)에서도 계속된다. 이 책의 제목을 다니엘 모르네의 고전적인 책 『프랑스혁명의 지적 기원』(1933)과 비교해보면 성격이 단번에 드러난다. 프랑스혁명의 기원은 엘리트적인 사상 다시 말해 계몽사상이 아니라, 계몽사상을 낳은 그리고 계몽사상을 받아들인 문화라는 것이다. 샤르티에는 '계몽사상이 프랑스 혁명을 낳았다' 라는 명제를 뒤집어 '프랑스혁명이 계몽사상을 낳았다' 라는 포스트모던적 명제를 제시한다.

계몽사상이 혁명을 일으켰다고 확신하는 고전적인 해석들은 논리의 순서를 거꾸로 뒤집은 것이 아닐까? 오히려 혁명이 일단의 텍스트와 작가들에게서 자신의 정당성의 뿌리를 찾아내기 위해 계몽사상을 발명했다고 생각할 수는 없을까?

'전유'와 '발명' 같은 단어는 신문화사의 용어이다. 신문화사는 표상(表象)과 행위를 강조한다. 샤르티에가 주목한 '책 읽기', 최근 유행하고 있는 '기억의 역사' 등이 대표적인 예이다. 이러한 신문화사에 이르면 '구조라는 감옥에 갇혀 있는 인간'이라는 브로델적 이미지가 전복됨을 느낀다. 신문화사에서 인간은 구조의 강제력에 억압당하지 않는다. 인간은 구조의 사슬을 끊고 해방되었다. 인간은 자유롭게 생각하고 해석하고 행동하는 것이다. 브로델적인 인간과 구조의 관계가 전도되지 않았는가? 브로델의 경우에는 인간이 행위의 객체였지만 이제 주체가 된 것이다.

작은 역사들의 부활

브로델은 1946년 『지중해』 서문을 다음과 같은 말로 끝마쳤다. " '거대한 역사에 대한 두려움이 거대한 역사를 죽였다' 라고 1942년에 에드몽 파랄은 썼다. 거대한 역사가 다시 부활할 수 있기를!"

브로델은 '거대한 역사' 를 부활시켰다. 지중해 세계는 지중해를 에워싸고 있는 유럽, 아시아, 아프리카를 포함하며, 16세기에는 아메리카도 포함시켰다. 『지중해』는 이러한 4대륙에서 전개된 장기 16세기, 그러니까 대략 1450년부터 1650년까지의 두 세기 동안의 역사이다. 게다가 '구조' 의 힘은 이러한 시간 틀을 훨씬 넘어선다. 『물질문명과 자본주의』는 전(前)산업화 시대의 세계경제사라는 점에서 더욱 거대하다.

그러나 브로델의 후계자들은 '거대한 역사'를 계속하지 않았다. 오히려 그들은 거대한 역사의 희생자인 '작은 역사들'을 부활시켰다. 콩종튀르의 순환 운동, 거대 담론 등에 의해 고유한 성격과 역할을 외면당한 '사건'과 '개인'을 부활시켰으며, 사건의 대명사로 낙인찍혀 금기시되던 '정치'를 부활시켰다. 물론 브로델도 자신의 금기를 철저히 지키지는 않았다. 『지중해』에는 역사의 방향을 결정한 '사건'들이 적지 않게 등장하며, 『물질문명과 자본주의』에서는 중국이 자본주의로의 도약에 실패한 이유를 '정치'의 과부하(過負荷)에서 찾는다. 브로델의 표현을 빌리자면, 브로델의 후계자들은 "합리적"이었다.

사건의 부활

2006년 3월, 자크 르 고프가 진행하는 '프랑스 퀼튀르'의 역사교양 대담 프로인 "역사의 월요일"에 출연한 필립 세낙은, 역사가는 연대, 인물, 사건 등에 관심을 모아야 한다고 스승인 조르주 뒤비가 강조했다고 말했다. 프랑수아 시미앙이 단죄한 '우상(偶像)들'을 뒤비가 복권시킨 것이다. 브로델과 가장 가까이에서 작은 역사들이 부활하고 있었던 것이다. 구체적으로 뒤비는 『부빈의 일요일』(1973)에서 '사건'의 부활을 천명한다. 우선 제목에서부터 시사하는 바가 강력하다.

1214년 7월 27일 일요일, 프랑스 왕국과 신성로마제국, 플랑드르 백령의 접점에 위치한 부빈에서 프랑스 국왕 필립은 황제 오토, 플랑드르 백작 페랑, 불로뉴 백작 르노의 연합군을 상대로 전투를 벌여 승리를 거두었다. 단 하루 동안의 사건을 다루었으니 그야말로 '사건사'라 할 만하다. 그러나 그것은 역사적인 사건이었다. 다시 말해 그 사건은 시대의 문화 속으로 들어갈 수 있게 해주는 창이요 '기억'의 요람이었다. 그러나 브로델의 금기가 풀리지 않은 상태에서 '사건'을 역사의 중심인물로 다루는 것이 부담스러웠을까? 뒤비는 1985년판 서문에서 자신의 입장을 설명한다.

> 1968년에 나는 제라르 발테르로부터 그가 주관한 '프랑스를 만든 30일'이라는 시리즈에 기념비적인 날들 가운데 하나인 1214년 7월 27일에 대한 책을 써달라는 제안을 받았다. (중략) 나는 수락했다. 나와 마찬가지로 마르크 블로크와 뤼시앵 페브르의 제자임을 자인하는 나의 동료 역사가들도 놀랐을 것이다. 왜냐하면 그들과 내가 이제껏 추구해왔던 역사, 사람들이 후일 부당하게 이름 붙인 '새로운' 역사(내가 부당하다고 말하는 까닭은, 우리가 만들었다고 자랑하는 대부분의 문제들은 이미 우리의 선배 역사가들이 실증주의의 외투가 짓누르기 전인 19세기 중엽에 이미 만들어낸 것들이기 때문이다)는 사건적인 것을

주변부로 몰아냈고, 이야기체를 경멸했으며, 문제를 제기하고 해결하는 데 매달렸을 뿐만 아니라, 표면의 진동을 무시하고, 중·장기적인 지속 속에서 경제, 사회, 문명의 변화를 관찰하고자 했기 때문이다.

요컨대 뒤비는 프랑수아 시미앙의 우상 단죄, 브로델의 세 가지 시간 등에 대해 이의를 제기하려는 것이다. 드디어 뒤비는 브로델을 지칭한다.

나는 물론 페르낭 브로델처럼(1979년 12월 14일 「르몽드」 인터뷰 기사처럼) 전혀 특별하지도 않으며 요란스럽지도 않은 가운데 되풀이되는 단순한 '일상사'가 장기적인 사실, 때로는 놀랍게도, 하나의 구조를 표시해주며 따라서 그것을 추적하는 게 중요하다고 생각한다. 그러나 나는 전부터 그리고 지금도 비상한 사건은, 바로 요란하기 때문에 증인들의 인상과 역사가들의 환상에 의해 부풀려졌기 때문에 그것의 분출은 수많은 이야기를 만들어내기 때문에 무한한 가치를 지닌다고 생각한다.

인간의 삶에 장기지속적으로 영향을 미치는 구조를 구성하는 '사건들' 외에도 브로델이 경시한 '먼지' 같은 사건들도 가치를 지닌다는 것이다. 이러한 진술은 브로델의 구조-

콩종튀르-사건의 구성 자체에 이의를 제기하는 것이며, '사건'을 복권시킨 것으로 볼 수 있다. 브로델은 반복적인 사건을 중시한 반면, 뒤비는 '반복'을 깨는 예외적인 사건을 중시한다. 이러한 차이는 아마도 브로델이 '거의 움직이지 않는 것'을 중시한 반면에 뒤비는 변하는 것, 새로운 것을 중시한 때문에 생긴 것이라고 볼 수 있다. 변하는 것을 중시해야 하는 이유는, 변하는 것을 통해 바라봄으로써 변하는 것과 동시에 변하지 않는 것을 이해할 수 있기 때문이다. 역사에서 차이에 주목하는 것, 그리고 낯선 그 상태로 바라보는 것, 그리하여 거기에서 시대의 고유한 문화를 발견하는 것, 이러한 것은 인류학적인 관점이요, 기어츠가 말한 "두꺼운 묘사"*를 가능하게 해주는 관점이다.

> 나는 13세기 초의 군사 행동에 대해 일종의 인류학을 시도했다. 나는 이국적인 사람들에게 접근하듯이 부빈의 전사들에게 접근했다. 그리고 그들의 몸짓, 그들의 외침, 그들의 열정, 그들을 현혹한 신기루 가운데 기이한 것과 특이한 것들을 기록했다.

엠마뉘엘 르 루아 라뒤리의 『로망의 사육제』(1979)는 1580년 2월 2일 프랑스 남부의 조그만 도시인 로망(Romans)에서 벌어진 사육제를 분석한 책이다. 그해의 사육제는 예년의 사육제와는 달리 계급투쟁이 벌어졌고 유혈 충돌로 끝이 났다. 브로델식의 반복적인 '사건'이 아니라 뒤비가 주목한 '비상한 사건'인 것이다. 참회 화요일 새벽, 성난 부자들이 고용한 자객들이 직조공 '왕국'의 우두머리인 포미에의 얼굴을 찌르는 것으로 학살이 시작되었다. 로망의 성벽 안에서 사흘간 학살이 계속되어 도시 내에서는 모두 26명이 죽임을 당했고 농촌에서는 수개월간 진압이 계속되어 1천 명이 넘는 희생자가 발생했다. 희생자들은 어떤 사람들이고 가해자들은 어떤 사람들인가? 사육제 기간 동안에 학살이 자행된 이유는 무엇인가? 사육제의 상징적인 몸짓은 어떠한 의미를 지니고 있는가? 사회경제적인 분석을 통해 1580년 당시 부자와 빈자들의 충돌이 설명되며, 인류학적인 분석을 통해 불만의 언어와 몸짓이 이해된다.

본질적으로 사육제는 짧은 시간 동안만 조소적으로 '거꾸로 하기'를 허용함으로써 긴 시간 동안 사회의 정상 운행을 담보하기 위한 안전밸브의 기능을 한다. 그러나 빈자들이 이같은 부자들의 희망대로만 움직인 것은 아니었다. 사육제가 항상 그 정도의 보수적인 기능에서만 멈춘 것은 아니었다. 빈자들에게 그것은 사회적 변화를 도모하는 분출구이기도 했다. 사육제라는 안전장치만으로는 기대했던 사회의 정상적인 운행을 확신하지 못한 부자들이 자행한 1580년의 유혈 사육제는, 당시에 잠재적인 계급투쟁의 강도가 얼마나 심각했는지를 보여준다. 여기에서도 '사건'은 사회와 문화를 보여주는 창이었던 것이다.

'사건'이 부활했다는 것은 브로델과 가장 가까웠던 두 역사가의 사례만으로도 충분히 입증되었다고 생각한다. 그러나 이렇게 부활한 '사건'은 시미앙과 브로델이 외면했던 바로 그 사건이 아니었다. 역사가들은 사건만을 바라보는 것으로 만족하지 않았다. 역사가들은 사건을 통해서 그 사건을 발생시킨 그 시대의 문화를 바라보았다. 브로델식으로 환언하면, 사건을 통해서 콩종튀르와 구조를 바라보았다고 말할 수 있다.

개인의 부활

'사건'이 부활한 이유와 마찬가지 이유로 '개인' 역시 중요한 역사적 인물로서 부활할 필요가 있었고 또 실제로 부활했다. 뒤비는 『부빈의 일요일』에서 '사건'에 대한 금기를 깬 다음 『위대한 기사 윌리엄 마셜』(1986)에서는 '개인'에 대한 금기를 깬다. 뒤비는 윌리엄 마셜의 아들 장(Jean)이 아버지를 기억하기 위해 작성시킨 무훈시를 통해서 윌리엄 마셜을 바라본다. 기사 윌리엄 마셜은 주인공이지만 그의 역할은 안내자이다. 우리의 주인공은 죽음, 결혼, 가정, 전쟁, 마상 시합 등을 통해서 기사들의 문화를 보여준다.

> 실은 나는 사실들보다는 사람들이 그것들을 기억하고 이야기한 방식에 더 많은 관심을 가지고 있다. 나는 사건들의 역사를 쓰지 않는다. 그것은 이미 씌어졌고, 대단히 잘 씌어졌다. 나의 목적은 보기 드문 가치를 지니고 있는 이 증언으로부터 그것이 기사들의 문화에 대해 알려주는 것을 끌어냄으로써 아직 잘 밝혀지지 않은 것을 밝히는 것이다. 나는 당시 사람들이 보았던 대로 그 세계를 보려는 것이다.

자크 르 고프의 『성 루이』(1996)는 비상한 인물에 대한 전기(傳記)이다. 전기는 전기인데 전통적인 전기와는 다른, 말하자면 '새로운 전기'라고 할 만하다. 『성 루이』는 3부로 구성되어 있다. 제1부 "성 루이의 삶"에는 루이의 출생에서 죽음, 시성(諡聖)까지 서술되어 있다. 연대기적인 전기를 전통적인 전기라고 한다면 제1부는 거기에 해당된다. 제2부 "왕에 대한 기억의 생산: 성 루이는 존재했었나?"는 뒤비의 『부빈의 일요일』과 마찬가지로 '기억의 역사'이다. 르 고프는 공식 문서, 탁발수도회 수도자들의 성인전, '군주들의 거울'*, 예화, 외국의 연대기, 주앵빌의 전기 등에 비친 성 루이의 이미지를 분석한다. 역사에 그려진 성 루이는 이렇게 만들어졌다고 말하는 것이니, 르 고프의 질문은 포스트모던적인 질문이다. 제2부는 신문화사에서 말하는 표상(表象) 연구이다. 마지막으로 제3부 "성 루이, 이상적이고 유일무이한 왕"은 성루이에 대한 주제별 분석이다. 시간과 공간, 이미지와 말, 언어와 몸짓, 세 위계(位階), 봉건사회와 근대국가, 가족, 종교, 갈등과 비판, 신성한 왕과 고난의 왕 등과 같은 외적 요소들을 통해 인간 성 루이에 접근하는 것이다. 시대의 문화가 한인간의 삶에서 어떻게 용해되었는가에 대한 분석이니, 제3세대와 제4세대 역사가들의 전형적인 접근이다. 이러한 세 가지 차원을 종합한 르 고프의 『성 루이』는 전통적인 전기와는 다르다는 점을 확인할 수 있다.

거의 1000페이지에 달하는 이 방대한 책 가운데 나에게 특히 흥미로웠던 부분은 루이의 시성과 관련된 내용이다. 인류학적 역사의 진수를 느낄 수 있는 부분이다. 1270년 루이는두 번째 십자군 원정을 떠났다. 그러나 튀니지에 도착하자마자 아들 트리스탕이 티푸스에 감염되어 죽고 루이도 죽음을 맞았다. 공교롭게도 첫 번째 십자군 원정을 떠났던 날과 같은8월 25일이었다. 때는 여름이어서 시신을 프랑스로 옮기는데 어려움이 많았다. 방부 보존 기술이 없어서 물과 포도주혼합액 속에 시신을 넣고 끓여 살과 뼈를 분리했다. 루이는이미 생존 당시부터 성인이라 불렸으며 장차 시성될 가능성이 높았기 때문에 루이의 시신을 옮기는 문제를 놓고 상속자인 필립과 동생인 시칠리아의 왕 샤를 사이에 계산이 교차했다. 루이의 내장과 살은 샤를에게 주고 뼈는 생 드니 수도원으로 옮기기로 타협이 이루어졌다. 이렇게 해서, 우리에게는 참으로 놀랍게도, 시신의 고행이 시작되었다. 신왕은 시신을 보호함과 동시에 그 신성함으로부터 자신을 보호받기 위해 왕의 시신과 함께 움직였다. 왕의 시신은 "기적"을 일으키기 시작했다. 하느님은 루이에 대한 사랑으로 모두 65건의 기적을 보였다. 루이가 일으킨 기적은 병을 고치는 전통적인 기적도 많았지만 죽은 자를 소생시킨 기적도 있었다. 루이의 명성과 정치적인 압력에도 불구하고 루이가 성인이 되기까지는 27년이 걸렸다. 늙은 교황들의 빈번한 사망 때문에 성인 심사가 자주 중단되었기 때문이다. 교황 보니파키우스 8세는 루이의 시성에 적극적이어서 1297년에 드디어 시성이 이루어졌다. 그레고리우스의 개혁으로 성속(聖俗)이 분리된 상황에서 속인 루이가 성인이 된 것은 이례적인 일이었다. 루이를 계승한 왕들은 시신의 일부, 다시 말하면 성유물(聖遺物)의 일부를 선물했다. 손자인 필립 4세는 성유물을 생 드니 수도원에서 생트 샤펠로 옮겨 왕실이 독점하려 했다. 보니파키우스는 프랑스 왕과의 좋은 관계를 유지하기 위해 이를 인정하면서도 팔이나 경골의 일부를 생 드니 수도원에 남겨놓을 것을 요구했다. 수도자들의 반대에 부딪힌 필립은 루이의 머리 (아마 심장도 포함)를 생트 샤펠로 옮길 수 있었다. 파리의 노트르담 성당은 루이의 갈비뼈를 얻는 정도로 만족했다. 이후 선물 받은 시신을 다시 절단하여 선물하는 일이 빈번하게 일어났다. 교황 보니파키우스는 시신 분할이 야만적이라는 이유로 금지시켰다. 이러한 이야기는 마치 원시인들의 사회에 대한 인류학적인 기록 같지 않은가? 역사학자는 마치 인류학자들이 원시사회를 묘사하듯이 13세기 프랑스 사회를 묘사한 것이다.

엠마뉘엘 르 루아 라뒤리의 『플라터 가문의 세기』(1995, 2000)는 바젤의 휴머니스트인 토마스 플라터, 그의 아들 펠릭스 플라터와 토마스 플라터 2세의 전기이다. 토마스 플라터는 원래는 거지였다가 교사가 되었고, 그 아들들은 의사로서 명성을 날렸다. 이들은 의사가 되기 위해 프랑스의 몽펠리에 대학에서 유학했으며, 고향으로 돌아오는 길에 스페인, 파리, 잉글랜드, 벨기에 등지를 여행했다. 이들이 남긴 여행기는 역사가들이 즐겨 애용하는 사료로서 높은 가치를 지닌다. 거지, 교사, 의사로서의 삶을 살아간 이들 3부자의 삶을 조명하는 것은 르네상스 휴머니즘과 종교개혁이 지배하던 사회의 이면을 엿볼 수 있게 해준다. 나에게 특히 흥미로웠던 부분은 당시 사람들의 결혼과 성(性)이었다. 토마스 플라터는

73세에 상처한 지 2개월 만에 개신교 목사의 딸인 25세의 헤스터 그로쓰와 재혼했으며 이후 8년 동안 여섯 명의 자녀를 두었다. 재혼한 지 10년 후 토마스 플라터가 죽자 그의 젊은 아내는 두 달 만에 재혼했다. 토마스는 모두 열 명의 자녀를 낳았으나 그중 일곱은 모두 어린 나이에 죽고 나머지 셋(펠릭스는 78세, 마그달레나는 78세, 막내 토마스는 54세)은 오래 살았다. 이러한 삶의 모습은 예외적인 모습일까, 아니면 일반적인 모습일까? 다음과 같은 놀라운 에피소드는 어떠할까? 재세례파이며 재단사인 레젤은 남편과 별거하고 있는 동안 토마스의 기숙학교에서 일하면서 기숙학생이던 폴 회스테러와 사랑에 빠졌다. 그가 떠나자, 그녀는 프란츠 제켈만을 사랑했다. 제켈만은 당시 아내를 잃고 혼자 살고 있었다.(후일 그는 펠릭스의 장인이 된다.) 그녀는 토마스의 집에서 나와 돈을 모은 다음 바젤에 집을 구입하여 정착했다. 그녀는 늙은 여관 주인 콘라드 클링게네르크와 관계를 맺어 사생아 게오르그 펠릭스를 낳았는데, 의사였던 펠릭스가 대부를 섰다. 사회 유지였던 펠릭스가 대부를 섰다는 사실은 이 같은 비정상적인 사랑이 당시에는 그다지 지탄받을 만한 행동이 아니었음을 보여주는 것이 아닐까? 게오르그 펠릭스는 사제의 딸과 결혼했다. 그녀는 사제가 자기 여동생과 관계를 맺어 얻은 딸이었으며, 그 사제는 자기 딸마저 건드린 이중적인 근친상간을 범한 인물이었다. 이 사실을 안 게오르그는 슬픔에 잠겼고, 여자는 다른 남자와 도주했으며, 부정한 사제는 도시를 떠났다.

이 일화는 예외적인 사건일까? 통계는 그렇다고 말한다. 호적대장을 통한 계량적인 연구는 농민들이 성적 억압을 잘 이겨냈다고 말한다. 그러나 통계에는 잡히지 않았지만 실제 생활에서는 자유연애가 행해지고 있었던 것은 아닐까? 위에서 살펴본 에피소드는 그렇다고 말하는 것 같다. 중세의 성적 개방이 종교개혁에도 아랑곳하지 않고 계속되고 있었던 것일까? 아니면 종교개혁 이후 성적 순화가 이루어지고는 있었지만 아직 그 잔재가 남아 있었던 것일까? 고전기의 금욕주의가 도래하기 위해서는 아직 시간이 필요했던 것일까? 아니면 종교개혁 이후 금욕주의가 지배했다는 말 자체가 사실적인 뒷받침이 없는 이론적인 주장 내지 선전에 불과한 것일까? 작은 역사는 '정통'을 자처하는 해석들에게 많은 의문을 제기할 수 있도록 해준다. 작은 역사는 '다른' 이야기를 할 수 있는 자료를 제공해준다. 여기에서 작은 역사의 역할을 찾을 수 있을 것이다. 그러나 작은 역사의 사건이 일반적인 사건인가, 예외적인 사건인가를 이해하는 것은 작은 역사만으로는 불가능하다. 작은 역사를 전체 속에 놓고 비교해보아야 한다. 작은 역사와 거대한 역사가 만날 필요가 있는 것이다.

정치의 부활

'사건의 부활'과 '개인의 부활'은 쉽게 식별되지만, '정치의 부활'은 그렇지 못하다. 브로델은 '사건'과 '개인'은 분명한 어조로 배격했지만 '정치'는 그렇지 않았기 때문이다. 브로델의 역사학에서 사건과 정치가 동일시된 것은 아니다. 『지중해』에서 '전쟁'과 '국가'같이 일견 정치적인 요소로 보이는 것들이 제3부 "사건들, 정치, 사람들"로 밀려나지 않았음을 기억할 필요가 있다. '정치'는 사건사의 운명을 지니고 있는 것이 아니었다. "정치사만이 그러한 것이 아니다. 왜냐하면 모든 부분(정치, 경제, 사회, 문화, 지리까지도)은 사건사적 징표들로, 명멸하는 빛으로 차 있기 때문이다."

브로델이 취한 기준은 정치, 경제, 사회, 문화 등과 같은 영역이 아니라 시간 지속이었다. 장기지속, 중기지속, 단기지속 가운데 종잡을 수 없이 변하는 단기지속만으로 구성된 역사가 바로 브로델적 의미의 사건사였다. 따라서 브로델식으로 표현하면, 브로델은 "정치의 적"이 아니라 정치 가운데 단기지속적인 정치의 적이었다. 그러면 어떤 것이 단기지속적인 정치이고, 어떤 것이 그렇지 않은 정치인가? 『지중해』에서 그러한 구분은 찾아볼 수 있다. 전쟁은 기독교 문명과 이슬람 문명의 접점에서 반복적으로 일어났고 발발 시기는 계절적으로 정해졌기 때문에 장기지속적 내지 중기지속적인 정치적 사건이다. 전쟁의 두 형태, 즉 외전(外戰)과 내전(內戰) 역시 콩종튀르의 영향을 받으며 교대로 발생하기에 단순한 '사건'은 아니다.

그러면 어떤 정치적 사건들이 '사건사'의 멍에를 짊어지는가? 일단 브로델이 제3부로 몰아낸 사건들이 그러할 것이라고 생각할 수 있다. 장기지속적이고 중기지속적인 정치적 사건들은 구조의 힘이나 콩종튀르의 힘에 의해 설명된다. 반면에 단기적인 정치적 사건들은 구조의 힘이나 콩종튀르의 힘에 의해 설명되지 않는다. 그것은 국왕, 귀족, 장군 등과 같은 '개인'의 판단과 변덕에 의해 발생하고 전개된다. 그것은 역사의 진행과 동떨어진 개인의 힘에 의해 이끌려가기 때문에 마치 바다 위의 파도나 공기 중의 먼지와 같이 혼란스럽다. 그러한 사건의 결과는 역사의 진행에 아무런 영향을 끼치지 못한다. 브로델이 『지중해』의 제3부에서 레판토 해전의 결과는 역사의 흐름에 아무런 작용을 하지 못했다고 말하는 것이 좋은 증거이다.

그렇지만 『지중해』에서 레판토 해전의 허무한 결과가 '설명'되지 않는 것은 아니다. 구조와 콩종튀르에 대한 토대 연구는 먼지와 같은 정치적 사건을 설명해준다. 구조와 콩종튀르와 떨어져 별도로 존재하는 사건은 '먼지'와 같은 존재이지만, 구조와 콩종튀르 위에 있는 사건은 더 이상 먼지가 아니다. 브로델이 보기에 전통적인 정치사는 구조와 콩종튀르 위에 있지 않고 별도로 독립적으로 존재하는 정치사이다. 그것은 독립을 표방했지만 자율적이지는 못하다. 그저 먼지와 같이 떠다닐 뿐이다. 비유하자면, 구조와 콩종튀르라는 자력(磁力)이 먼지를 고정시키기에 역사가는 그 먼지의 좌표를 읽을 수 있다. 브로델은 정치적인 것을 구조와 콩종튀르 위에 위치시킬 것을 요구한 것이지 정치사 그 자체를 박해한 것이 아니었다.

'정치의 부활'이 뚜렷이 식별되지 않는 이유는 정치 그 자체가 박해받지 않았기 때문이다. 또 다른 이유는 정치의 부활이 편재해 있기 때문이다. 다시 말해 '사건'의 부활이나 '개인'의 부활처럼 그 정당성을 천명하는 연구서를 찾기 힘들기 때문이다. 사건이나 개인과는 달리 정치에 대한 박해는 그 자체로 부당했기 때문에 굳이 항변이 필요 없었기 때문일지도 모른다. 사회사가 무섭게 등장하면서 정치를 '찌꺼기'의 위치로 몰아냈지만 사실 역사에서 정치를 배제할 수 있는 것인가? 정치란 말 그대로 시민들이 국사(國事)에 참여하는 것이고 정치사란 이러한 현상을 다루는 것이라면, 정치 행위야말로 사회사의 핵심적인 위치를 요구할 수 있는 것이기 때문이다. 전통적인 정치사가 왕실 이야기나 전쟁 이야기 또는 외교 조약 등에 편중되었다면, 새로운 정치사는 일반 시민들의 정치 행위로 전환하면 되는 것이다.

그러니 문제는 정치사를 배척하는 것이 아니고 쇄신하는 것이었다. 자크 르 고프는 1971년 「정치사는 아직도 여전히 역사의 등뼈인가?」라는 논문에서 정치사는 역사의 '등뼈'는 아니지만 '핵'이라고 강조한다. 해부학의 비유에서 원자의 비유로 바꾼 것이지만, 어쨌든 정치사의 중요성을 인정한 것으로 볼 수 있다. 르 고프는 권력, 권력의 상징물, 의식(儀式), 군주정, 이데올로기, 정치 문화 등을 새로운 정치사의 테마로 제시한다.

아날학파의 테두리 내에서 볼 때, 르 고프가 말하는 '권력'의 정치사는 마르크 블로크가 『병을 고치는 왕』(1924)에서 이미 시도한 것이었다. 중세인들은 프랑스 국왕이 연주창에 걸린 환자의 환부에 손을 대면 병이 낫는다고 믿었다. 실제로 국왕은 정기적으로 이 같은 '시술'을 행했다. 일반인들은 왕의 초자연적 능력을 믿었다. 어쩌면 왕 자신도 그러한 능력을 믿었는지 모른다. 어쨌든 카페 왕조의 성립 이후 왕위 계승이 선거제로 돌아갈 위험이 없지 않은 상황에서, 그리고 기본적으로 왕권이 약하던 상황에서 왕은 초자연적인 능력을 지녔으며 이 같은 능력은 장자에게로 상속된다는 주장은, 왕권을 강화시키는 기능을 했다고 블로크는 분석한다. 그러니 왕권의 속성을 밝히는 데는 행정적, 법제적, 재정적 조직만을 분석하는 정도로는 충분하지 않으며, '인류학적 접근'

이 필요하다는 것이다. 블로크는 이 책을 "넓은 의미의, 진정한 의미에서의 정치사"로 구분함으로써 사전에 새로운 정치사의 모범을 보인 셈이다.

이데올로기라는 차원에서 '새로운 정치사'로 구분될 수 있는 것은 뒤비의 『세 위계. 봉건제의 상상세계』(1978)이다. 1025년 무렵 북프랑스의 두 주교, 구체적으로 랑의 아달베롱과 캉브레의 제라르는 세상은 기도하는 사람, 싸우는 사람, 일하는 사람으로 구성되어 있다고 말했다. 그리고 그것은 '위계'라고 말함으로써 하느님의 뜻임을 강조했다. 이 세 위계가 조화를 이룰 때 세상은 평화롭다. 조화를 이루기 위해서는 각각의 위계에 속한 사람들이 자기 본분을 지켜야 한다. 그렇지 않고 싸우는 사람이 기도하는 사람을 넘본다든지, 일하는 사람이 일하지 않는다든지 하는 것은 하느님의 의지를 거역하는 '신성모독'의 죄를 범하는 것이다. 세 위계론은 이렇게 사람들을 강제하고 구속한다. 세 위계론은 사실의 반영인가? 그것은 주교들이 자기들의 권력을 유지하기 위해 만들어낸 담론에 불과하다. 세 위계는 가상현실인 것이다. 세 위계 담론은 현실의 반영이 아니라 현실에 영향을 주기 위해 기획된 지식이다. 여기에서 우리는 미셸 푸코의 담론 권력을 생각할 수 있다. 푸코에 의하면, 권력에는 공적 관계에서의 권력과 일상적 관계에서의 권력이 있다. 공식적 관계에서의 권력이란, 사회구조의 공적인 위계 구조에서 하향적으로 행사되는 권력이다. 우리가 상식적으로 생각하고 경험하는 정치 권력이 이에 해당한다. 일상적 관계에서의 권력이란, 사회의 모든 부분에 모세혈관처럼 퍼져 있으며 일상생활에서 작용한다. 정상과 비정상, 할 일과 하지 말아야 할 일, 선과 악, 심지어는 옳고 그름마저도 때와 장소 및 상황에 따라 달라지는데, 그 이유는 객관적인 진리가 판정관이 아니라 권력이 판정관이기 때문이다. 이단과 정통의 잔인한 구분에 대해 생각해보라. 가정에서는 부모와 자식, 그리고 부부 사이에 권력이 흐르고 있으며, 학교에서는 선생과 학생 사이에 권력이 흐른다. 순진하게 애정만 흐르는 것이 아니다. 그러니 이제는 "지식이 힘이다"라는 경구는 "힘이 지식이다"로 바뀌어야 할 판이다. 뒤비와 푸코는 동일한 연구를 한 것이다. 그리고 이들의 담론 이론 덕분에 정치사는 '권력'의 정치사로서 화려하게 부활했다고 말할 수 있다.

1969년 브로델의 은퇴와 더불어 『아날』에도 '정치사'의 봄이 찾아왔다. '역사와 정치' '앙시앵 레짐과 혁명' '국가' '이데올로기' '정치' '왕권' '권력' '정치 문화' 등을 주제로 한 공동 연구와 논문들이 매년 『아날』을 장식했다. 모리스 아귈롱은 19세기 초까지만 해도 왕당파적 성향을 보여주던 남부 프랑스에서 1851년에 공화국을 수호하려는 봉기가 일어난 것에 관심을 기울였다. 그는 중앙의 정치 이념을 굴절시키는 지방 문화에서 해결점을 찾았다. 앞에서 소개한 샤르티에와 동일한 관점 이동을 한 것이다. 1986년 콜레주 드 프랑스 현대사 교수 취임 강연에서 그는 다음과 같이 강조한다.

> 『촌락의 공화국』의 일반적인 주요 결론은, 이론화되고 조직화된 이념과 견해, 정치들로 이루어진 고전적인 역사는 행위 전체를 설명하지 않는다는 것이다. 1848년이나 1851년의 농민들은 혁명기에조차 르드뤼 롤랭이나 빅토르 위고와 같은 견해를 가지고는 있었지만 같은 방식으로 살지도 행동하지도 않았다. 집단심성에 차이가 있었던 것이다.

전통적인 정치사가들도 정치사의 부활 또는 귀환 등의 표현을 써가며 정치사의 복귀를 주장했다. 그것은 그간 역사학을 점령한 사회사에 대한 반격의 몸짓인 동시에 사회사적인 연구 성과를 수용하여 정치사의 쇄신을 이루자는 제안이라고 볼 수 있다. 먼저 국제관계사의 대부인 장 밥티스트 뒤로젤의 말을 들어보자.

> 우리는 설명을 하고자 한다. 이 말은 정치사가인 우리들이 정치에 의해서 정치를 설명하거나 또는 우리들이 관심을 가지고 있

는 제한된 테두리를 벗어나기를 거부한다는 뜻일까? 그렇지 않다. 역사는 하나이고 전체적이다. 어떠한 정치적 과정을 설명하는 데 우리는 표면적이건 심층적이건 가능한 모든 설명을 찾아내야 한다. 우리는 즉시 정치사, 사회사, 경제사, 군대사, 종교사 등이 독자적으로 존재하는 것이 아님을 알게 될 것이다. 정치적, 사회적, 경제적, 군대적 등등의 <u>사건들</u>이 있다. 그러나 이 사건들의 연결은 전체에 의해서 설명된다. 이 점에서, 말하자면 본질적인 점에서 우리는 뤼시앵 페브르가 행한 정열적인 '역사를 위한 전투'에 아낌없는 박수를 보낸다.(밑줄은 뒤로젤의 것임)

한편 르네 레몽의 주도로 간행된 『정치사를 위하여』(1988)는 프랑스 정치사의 새로운 이정표처럼 보인다. 이 책에 참여한 중진 정치사가들은 선거, 정당, 정치 결사, 전기(傳記), 여론, 미디어, 정치사상, 말, 종교와 정치, 국내 정책과 대외 정책, 전쟁 등 전통적 주제들을 이어받는 한편, 과거의 연구에 비해 내용과 범주들을 확장하고 관련 역사학과 인접 학문들의 성과를 수용하면서 새로워진 정치사의 모습을 보여주었다. 이제 정치사를 사건사와 동일시하는 단순한 인식은 효력을 상실했다.[5]

나오는 글

페르낭 브로델 역사학의 고저(高低)를 살펴보았다. 브로델의 역사학은 크게 세 가지 조류의 영향을 받아 생성되었다고 말할 수 있다. 첫 번째 조류는 비달 드 라 블라쉬의 인문지리학의 전통이다. 지리학의 영향을 받은 프랑스의 역사학자들은 인간의 삶에 작용하는 지리적 환경의 힘에 대해 특별한 관심을 기울였다. 두 번째 조류는 뤼시앵 페브르와 마르크 블로크가 주도한 아날학파의 사회사 운동이다. 개인이 아니라 집단, 정치가 아니라 사회, 연대(年代)가 아니라 구조로 역사가들의 관점이 이동한 것이다. 세 번째 조류는 과학적인 역사학의 추구이다. 역사학자들은 역사학의 '과학'으로서의 지위를 확보하기 위해 객관적인 증거와 보편적인 법칙을 추구했다.

사회학, 경제학, 인류학과 같은 인접 학문들의 연구 성과를 폭넓게 수용하여 역사학에 적용했으니, 역사학은 과학적인 개념과 법칙, 그리고 통계와 도표 등으로 과학적인 외양을 갖추게 되었다. 그리하여 전통적인 역사학의 기술(記述) 수단인 '이야기체'에서 벗어나 과학적인 설명을 지향하게 된 것이다.

『지중해』에서는 이 세 가지 조류가 체계적으로 합류했다. 전체 구성의 삼분의 일을 차지하는 지리적 환경은 토대로서 장기지속적인 힘을 발휘하는 '구조'이다. 그 위에는 경제와 사회의 힘이 길고 짧은 주기를 가진 사이클들을 만들며 인간의 행동에 영향을 끼친다. 이러한 구조와 콩종튀르 위에서 '개인'은 행동하고 판단하지만 역사의 진행에 힘을 미치지 못한다. 구조와 콩종튀르에 의해 역사의 방향은 이미 사전에 결정되어 있기 때문이다. 『지중해』의 인간은 무력하다. 『물질문명과 자본주의』에서도 역사 인식 구조의 유사함을 확인할 수 있다. 물질문명-시장경제-자본주의라는 삼층 구조 가운데 '물질문명'이라는 최저층은 물질적인 가능성의 한계라는 의미에서 '구조'이다. 시장경제는 수요와 공급의 투명한 거래가 이루어지며 온갖 경제적인 지표들이 규칙적인 사이클을 구성한다. 맨 위에 있는 '자본주의'의 층은, 시장경제의 지배를 받지 않는 투기가 성행하는 불투명한 공간이다. 개인(자본가)의 자의적인 행동이 판치는 곳이다. 『지중해』의 구조-콩종튀르-개인의 구도가 계속되고 있는 것이다. 그러나 차이가 있다. 『지중해』의 '개인'이 무력했던 것과는 달리, 『물질문명과 자본주의』의 자본가들은 시장을 지배하고 역사의 흐름을 주도한다. 지리적인 환경의 몫이 크고 뚜렷하지는 않지만 무시된 것은 아니다. 그것은 편재되어 있다. 세계-경제론의 중심부와 주변부, 중심 도시의 이동, 중심 도시 배후의 전국시장 등의 개념은 지리학적 역사 인식의 산물이라고 볼 수 있다.

페르낭 브로델의 역사학은 아날학파가 추구해온 '새로운 역사'의 결정(結晶)으로 인정받았다. 이러한 평가는 과장이 아니었다. 자크 르 고프는 페르낭 브로델 이후 세대를 '장기지속'의 세대라고 명명했으며, 이 세대는 근대화된 마르크스주의와 인류학 그리고 페르낭 브로델의 영향을 받았음을 인정했다. 프랑스 밖에서도 페르낭 브로델로 대변되는 프랑스 역사학의 쇄신을 높게 평가했다. 그러나 '브로델 현상'은 오래 지속되지 않았다. 1968년 이후 아날학파의 제3세대 역사가들은 브로델의 역사학을 본받지 않았다. 이들은 브로델의 지리적 설명을 비과학적이라고 평가했으며, 부분들을 산만하게 짜깁기하는 전체사보다는 부분에서 전체를 바라보는 미시사를 선호했다. 브로델이 파문시킨 사건이나 개인, 정치 같은 작은 역사들이 부활한 것이다. 구조와 인간의 관계에서도 이들은 인간을 구조라는 감옥에 갇힌 수인이라고 생각하지 않았으며 인간의 능동적인 힘을 회복시켰다. 제3세대 역사가들의 집단심성사, 인류학적 역사, 신문화사 등은 브로델의 전체사, 지리적 역사, 물질주의적인 역사 등과는 확연히 구분된다.

페르낭 브로델을 사로잡고 있던 '역사철학'적인 논제는 구조와 인간이었다. 그리고 그가 찾은 해답은 "인간은 구조라는 감옥에 갇혀 있는 존재"라는 것이었다. 인간은 자유롭게 사고하고 행동하는 것 같지만 사실은 먼 과거로부터 축적되어온 구조와 콩종튀르의 절대적인 영향을 받기 때문에 자유롭지 못하다는 것이다. 브로델은 인간의 자유와 힘을 작게 축소시켰다. 그렇다고 해서 그의 역사에는 구조만 있고 인간이 없다거나, 그렇기 때문에 역사가 아니라 반(反)역사라고 평하는 것은 옳지 않다. 그가 인간의 자유라는 문제를 가지고 고심했다는 점을 중시해야 하며, 그것만으로도 그의 역사학은 '인간적'이라는 평가를 받을 수 있을 것이다.

『지중해』의 서문은 다음과 같은 말로 끝난다. "자신의 의무와 자신의 커다란 힘을 인식하는 야심적인 역사가 없다면, 이 1946년에 휴머니즘이 있을 수 있을까?" 사실 나는 "오늘날의 휴머니즘"이라는 말이 무슨 뜻인지 고심해왔다. 제2차 세계대전 직후의 휴머니즘이란 무엇인가? 제2차 세계대전이라는 전대미문의 참혹한 전쟁과 나치즘의 야만적인 인종 학살을 겪은 세계에서 요구되는 휴머니즘이란 어떠한 휴머니즘인가? 브로델이 역사학의 대상 공간을 지중해 세계로 잡고 "거대한 역사의 부활"을 강조한 것은, 국가와 민족, 문명이라는 폐쇄적인 단위를 벗어나자는 외침이었나? 아니면 인간의 의지와 행동은 역사의 진행에 영향을 끼치지 못한다는 사실을 16세기 지중해 세계의 역사에서 확인함으로써 제2차 세계대전을 일으킨 인간들의 어리석음과 오만함을 고발하는 것인가? 브로델은 『지중해』의 결론에서 자유란 한계를 인식하는 것이라고 말했듯이, 구조 앞에서 겸손하라고 말하는 것 같다. 그것이 그가 말한 휴머니즘이 아닐까 싶다.

『지중해』는 제2차 세계대전의 산물이다. 감옥에 갇혀 있던 '수인' 브로델은 유럽 문명의 영광스러운 시기였던 16세기 지중해 세계를 산책함으로써 감옥의 고통과 문명사적 절망에서 벗어날 수 있었다. 역사는 역사가와 동떨어져 존재하지 않는다. 순수하거나 상아탑적인 역사는 없다. 현실을 잘 반영하는 역사일수록 훌륭한 역사이다. 그런 점에서 『지중해』는 훌륭한 책이다. 훌륭한 책은, 페브르도 말했고 브로델도 말했듯이, 수명을 가지고 있다. 역설적인 이야기처럼 들리지만, 영원히 읽히는 책은 훌륭한 책이 아니다. 특정 시대에 읽히고 더 이상 읽히지 않는 책이 훌륭한 책이다. 『지중해』는 아마도 이러한 책에 속할 것이다.『물질문명과 자본주의』도 마찬가지일 것이다. 그것은 자본주의의 본질을 분석하고 미래를 전망한 책이라는 점에서 현실을 반영하는 책이다. 브로델은 산업혁명으로 높아진(그러나 사라지지 않았다!) 가능성의 천장에 인류는 언젠가 부딪힐 것이며, 그러면 인류는 마치 14세기에 겪었던 것과 같은 재앙을 맞이하지 않을까 하는 불안한 전망을 피력했다. 1974년 이후의 위기는 세기적인 추세와 콘드라티에프의 사이클이 겹쳐 나타난 것이기 때문에 구조적인 변화 없이는 처방 효과가 없지 않을까 하는 것이었다. 자본주의 이후 체제를 전망한 것이다. 브로델의 강의를 듣던 학생들은 조용히 미소만 지었다지만, 우리는 한번 진지하게 고민해볼 일이다.

브로델은 자본주의를 필요악으로 본다. 자본주의는 시장경제 위에서 시장경제를 교란시키면서 시장을 지배한다. 자본주의라는 반(反)시장은 경제생활의 위계, 브로델의 표현을 빌리면 "전압차"를 더욱 크게 만들면서 경제를 활성화시키는 기능을 한다. 자본주의는 불평등을 심화시키는 악이다. 그러나 자본주의는 시장경제를 주도하면서 경제를 발전시키기 때문에 필요하다. 중국에 뒤져 있던 서유럽이 중국을 지배할 수 있게 된 것도 자본주의 덕분이다. 역사가인 브로델은 냉정한 분석가이지만 자본주의의 희생자인 민중에게는 따스한

눈길을 보낸다. 민중의 희생 위에 군림하는 자본주의는 이상적인 체제가 아니다. 브로델은 대안 체제를 희망한다. 그러나 현실적으로 사회주의는 자본주의의 대안이 아니었다. 사회주의는 자본주의의 부정일뿐더러 시장경제 자체의 부정이기 때문이다. 그것은 중국을 정체시키고 몰락시킨 아시아적 전제(專制), 정치의 과부하인 세계-제국과 다르지 않기 때문이다.

마지막으로, 브로델은 어떤 사람일까? 브로델은 유럽이 발전할 수 있었던 힘의 원천을 도시에서 찾는다. 도시, 그것은 자유의 상징이요 문명의 상징이다. 도시의 상인 가운데 일부 부유한 상인들은 국가의 과도한 지배에 맞서며 자본주의를 발전시켰다. 그렇다면 브로델은 유럽중심주의의 논리를 따르고 있을 뿐인가? 브로델은 유럽중심주의라는 틀에 맞는 이야기를 하기도 한다. 유럽은 진보한 반면에 아시아는 정체했다는 결정적인 이야기도 여러 차례 하고 있다. 유럽중심주의 역사가라고 비판하는 사람들이 반가워할 만한 이야기를 그는 서슴없이 한다. 그러나 나는 브로델이 유럽중심주의 역사가라고는 생각지 않는다. 유럽이 중국을 능가하고 지배한 것은 누구도 부인할 수 없는 역사적인 사실이다. 역사가의 사명은 (냉정하게) 그 원인을 설명하는 것이다. 브로델은 그 원인을 다각도로 설명했다. 유럽이 중국으로부터 선진 문명을 받아들였다는 점도 중요하지만 그것을 발전시켰다는 점도 중요하다. 거기에서 유럽의 힘을 볼 수 있는 것이다. 유럽이 중국보다 후진적이었고 중국으로부터 선진 문물을 받아들였다는 사실을 강조하기만 하는 것은 블로크가 경고한 '기원의 우상'을 숭배하는 것이며, 그리고 유럽이 여전히 후진적인 상태에 머물러 있다가 중국의 경제적 침체를 틈타서 식민주의 무역과 제국주의 도용을 동원하여 무력으로 세계를 지배하게 되었다는 인식은 유럽의 내적 발전을 외면하는 것이다. 역사에서 배우기를 거부하며 자아도취에 빠져 있는 것이다. 나는 유럽중심주의 비판이 가상의 적을 설정하고는 감상적으로 도덕적으로 민족주의적으로, 다시 말해 비역사적으로 비판하는 것이 아닌지 의심한다.

브로델은 자유주의자였다. 그는 자본주의의 역사적 역할을 설명했을 뿐 자본주의를 지지하지는 않았다. 그는 자본주의가 불평등을 심화시킨다고 비판했지만 사회주의는 받아들이지 않았다. 브로델은 휴머니스트였다. 인간의 오만함을 경고한 휴머니스트였다.

4부

관련서 및 연보

Fernand
Braudel

페르낭 브로델은 그렇게 많은 글을 발표하지는 않았다. 후계 세대 역사가들에 비해 책도 적고 논문도 적은 편이다. 제3세대 아날리스트들은 참으로 많은 글을 발표했다! 이들의 책과 논문을 모두 소개하기에는 지면이 좁다. 편의상 여기에서는 페르낭 브로델의 주요 저술과 이 글을 쓰는 데 참고한 저술 및 기타 주요한 관련 저술만으로 제한하기로 한다.

관련서

페르낭 브로델의 주요 저술

La Méditerranée et le monde méditerranéen à l'époque de Philippe II(펠리페 2세 시대의 지중해와 지중해 세계). Paris: Armand Colin, 1949.

    New York Times Book Review(1975)는 이 책을 "제2차 세계대전 이후 출판된 책 가운데 아마도 가장 의미 깊은 역사서"라고 소개했다. 여기에서는 1985년에 나온 제6판을 참고했다. 현재 우리말 번역이 진행되고 있다.

Civilisation matérielle, Economie et Capitalisme. XVe-XVIIIe siècle. Paris: Armand Colin, 1979.

우리말 번역서로는 『물질문명과 자본주의』(주경철 역, 까치, 1995~1997)가 있다. 제1권은 『일상생활의 구조』 상하, 제2권은 『교환의 세계』 상하, 제3권은 『세계의 시간』 상하 모두 여섯 권 으로 출판되었다.

L'identité de la France(프랑스의 정체성). Paris: Arthaud-Flammarion, 1986.

제1권 *Espace et Histoire*(공간과 역사), 제2권 *Les hommes et les choses*(인간과 사물)만 출판되었다.

La dynamique du capitalisme(자본주의의 역학). Paris: Arthaud, 1985.

1977년에 미국의 존 홉킨스 대학에서 강연한 것을 프랑스어로 옮긴 것이다. 『물질문명과 자본주의』의 후기(後記)에 해당하는 짧은 책이다.

Une leçon d'histoire(역사 강의). Paris: Arthaud-Flammarion, 1986.

1985년 10월 샤토발롱에서 열린 페르낭 브로델 학술제에서 발 표된 논문과 대화 등을 엮은 책이다.

Grammaire des civilisations(문명들의 문법). Paris: Arthaud-Flammarion, 1987.

　　프랑스 고등학교 3학년 학생들을 위한 일종의 교과서이다.

Ecrits sur l' histoire. Paris: Flammarion, 1969.

　　페르낭 브로델의 주요 논문들을 모은 책이다. 우리말 번역서 『역사학 논고』(이정옥 역, 민음사, 1990)

Ecrits sur l' histoire II. Paris: Arthaud, 1990.

　　페르낭 브로델의 논문들 가운데 이탈리아어판과 영어판을 모은 책이다.

Autour de la Méditerranée(지중해 세계). Paris: Editions de Fallois, 1996.

　　지중해 세계와 관련된 글들을 모은 책이다.

Les ambitions de l' Histoire(역사의 야심). Paris: Editions de Fallois, 1997.

　　역사학 관련 논문들을 모은 책이다.

L' Histoire au quotidien(일상의 역사). Paris: Editions de Fallois,

2001.

브로델의 논문, 서평, 논평, 콜레주 드 프랑스 강의록 등 다양한 글을 모은 책이다.

페르낭 브로델과 아날학파에 대한 책

Review 3, 1978.

1977년에 개최된 '페르낭 브로델 센터' 창설 기념 세미나 "사회과학에 대한 아날학파의 충격"의 보고서. I. Wallerstein, J. Revel, P. Burke 등 여러 학자의 글과 브로델의 "En guise de conclusion"이 수록되어 있다.

Magazine littéraire 212, 1984.

페르낭 브로델에 관한 Georges Duby, Marc Ferro, Eric Vigne, François Ewald, Yves Lacoste, Michel Pierre, Jean Montalbetti, Sam Kinser 등의 짧은 글과 인터뷰가 실려 있다.

EspaceTemps(시간 공간). Paris, 1986.

"모든 측면에서 바라본 브로델"이라는 공동 주제로, François Dosse, Marc Ferro, Jacques Revel, Michel Vovelle, Jacques Le Goff, Michèle Alten, Jean-Louis Kreyts, Olivier Dumoulin,

Jean-Marc Goursolas, Michel Aglietta, Immanuel Wallerstein, Alain Lipietz, Serge-Christophe Kolm, Jean-Marie Baldner, Philippe Steiner, Christian Grataloup, Charles-Pierre Péguy, Jean-Louis Margolin 등의 증언을 모은 책.

Lire Braudel(브로델 읽기). Paris: Editions La Découverte, 1988.

Maurice Aymard, Alain Caillé, François Dosse, François Fourquet, Yves Lacote, Michel Morineau, Philippe Steiner, Immanuel Wallerstein 등이 참여하여 집필한 책. '성인전' 은 아니다.

Daix, Pierre. *Braudel*. Paris: Flammarion, 1995.

현대 예술사 전공자가 쓴 브로델 전기.

Gemelli, Giuliana. *Fernand Braudel*. Paris: Editions Odile Jacob, 1995.

저자는 이탈리아의 볼로냐 대학에서 지성사를 강의하고 있는 현대 프랑스 전문가이다. 브로델과의 인터뷰 등을 통해 페르낭 브로델의 역사학과 아날학파 및 현대 프랑스의 지적 회로를 심도 있게 분석한 책이다.

본문을 쓰는 데 참고한 책과 논문

『근대 세계체제론의 역사적 이해—브로델과 월러스틴을 중심으로』(한국
　　서양사학회편, 까치, 1996)

『세계사를 보는 시각과 방법』(나종일, 창작과비평사, 1992)

　　월러스틴과 브로델에 대한 유익한 글이 수록되어 있다.

『역사와 이데올로기. 서양 역사학의 유럽중심주의에 대한 비판적 검토』
　　(강철구, 용의숲, 2004)

　　유럽중심주의 역사학 비판이라는 문제를 제기한 선구적인 책이다.

『우리에게 서양이란 무엇인가? 유럽중심주의 서양사를 넘어』(한국
　　서양사학회, 2006)

　　2006년 4월 15~16일에 열린 한국서양사학회 학술대회 발표문
　　으로, 유럽중심주의 서양사에 대한 신중하고 성숙한 비판이 돋
　　보인다.

「1980년대 이후 프랑스의 '정치사 복원'에 대한 보고와 비평」, 『서
　　양사 연구 28』(노서경, 2001)

「페르낭 브로델 사관의 재점검」, 『서양사연구 26』(주경철, 2000)

「페르낭 브로델」, 『이론 7』(최갑수, 1993)

「포스트모더니즘 이후의 브로델」, 『프랑스사 연구 11』(고원, 2004)

　　브로델 전문가의 이론적인 성찰.

『서양의 역사에는 초야권이 없다』(김응종, 푸른 역사, 2005)

『아날학파』(김응종, 민음사, 1991)

『아날학파의 역사세계』(김응종, 아르케, 2001)

「역사를 미분하기: 브로델과 미시사」, 『서양사론 85』(고원, 2005)

Abu-Lughod, Janet L. *Before European Hegemony: The World System A.D. 1250~1350.* Oxford University Press. 1989. 우리말 번역서 『유럽 패권 이전: 13세기 세계체제』(박흥식 · 이은정 옮김, 까치, 2006)

Ariès, Philippe. *L'homme devant la mort*(죽음 앞의 인간). Paris: Seuil, 1977.

Bailyn, Bernard. "Braudel's geohistory, a reconsideration", *Journal of Economic history*, 1951. 여름호.

브로델의 지리적 역사에 대한 비판적 고찰.

Bloch, Marc. *Les Rois thaumaturges. Etudes sur le caractère surnaturel attribué à la puissance royale particulièrement en France et en Angleterre*(병을 고치는 왕. 특히 프랑스와 영국의 왕권에 들어 있다고 여겨진 초자연적인 성격에 대한 연구). Strasburg: Librairie Istra, 1924.

————. *Les caractères originaux de l'histoire rurale française.* Paris: Armand Colin, 1931.

프랑스 농촌사 연구서로는 고전적인 책이다.

————. *La Société féodale.* Paris: Albin Michel, 1939. 우리말

번역서 『봉건사회』(한정숙 옮김, 한길사, 2001)

Burguière, André(편). *Dictionnaire des sciences historiques*(역사학 사전). Paris: PUF, 1986.
앙드레 뷔르기에르는 제4세대 아날리스트이다.

Chartier, Roger. *Lectures et lecteurs dans la France d'Ancien Régime*(구시대 프랑스의 독서와 독자들). Paris: Seuil, 1987.

──────────. *Les origines culturelles de la Révolution française*. Paris: Seuil. 1991. 우리말 번역서 『프랑스혁명의 문화적 기원』(백인호 옮김, 일월서각, 1998)

Davis, Natalie Zemon. *The return of Martin Guerre*. Harvard University Press, 1983. 우리말 번역서 『마르탱 게르*의 귀향』(양희영 옮김, 지식의풍경, 2000)

Dosse, François. *L'histoire en miettes: Des Annales à la nouvelle histoire*. Paris: La Découverte, 1987. 우리말 번역서 『조각난 역사. 아날학파의 신화에 대한 새로운 해부』(김복래 옮김, 푸른역사, 1998)
원저의 제목이 아날학파에서 새로운 역사로의 이행을 말하고 있는 점이 흥미롭다.

Duby, Georges. *Le dimanche de Bouvines*. Paris: Gallimard, 1973. 우리말 번역서 『부빈의 일요일』(최생열 옮김, 동문선, 2002)
단 하루의 전쟁을 통해서 시대의 문화를 엿본 책.

Duby, Georges. *Les trois ordres ou l'imaginaire du féodalisme.* Paris: Gallimard, 1978. 우리말 번역서 『세 위계. 봉건제의 상상 세계』(성백용 옮김, 문학과지성사, 1997)

세 위계론이 하나의 권력 이데올로기임을 증명한 훌륭한 책.

──────. *Guillaume le Maréchal ou le meilleur chevalier du monde.* Paris: Fayard, 1984. 우리말 번역서 『위대한 기사 윌리엄 마셜』(정숙현 옮김, 한길사, 2005)

Duroselle, J.-B. *L'Europe de 1815 à nos jours*(1815년부터 오늘날까지의 유럽). Paris, 1975.

Febvre, Lucien. *Le problème de l'incroyance. La religion de Rabelais.* Paris: Albin Michel. 1942. 우리말 번역서 『16세기의 무신앙 문제. 라블레의 종교』(김응종 옮김, 문학과지성사, 1996)

Frank, Andre Gunder. *ReOrient: Global Economy in the Asian Age.* University of California Press, 1998. 우리말 번역서 『리오리엔트』(이희재 옮김, 이산, 2003)

유럽중심주의 역사학을 비판한 대표적인 책. 자의적으로 자료를 이용했다는 비판을 받는다.

Geertz, Clifford. *The Interpretation of Cultures*, 1973. 우리말 번역서 『문화의 해석』(문옥표 옮김, 까치, 1998)

Hexter, J. H. "Fernand Braudel and the monde braudellien", *Journal of modern history* 44, 1972.

이 잡지에 실려 있는 Trevor-Roper, H. R. "Fernand Braudel, the Annales and the Mediterranean"과 Braudel, Fernand. "Personal testimony"도 유용하다.

Hobson, John M. *The eastern Origins of Western Civilisation*, the Press of the University of Cambridge, 2004. 우리말 번역서 『서구 문명은 동양에서 시작되었다』(정경옥 옮김, 에코리브르, 2005) 제국주의의 선구적인 연구자인 홉슨의 증손자가 증조할아버지의 뒤를 이어 서구 제국주의를 비판한 책.

Hughes, H. S. *The obstructed path: French social thought in the years of desperation(1930-60)*. New York, 1961.
브로델의 역사학에 대해 비판적인 내용이 들어 있다.

Hunt, Lynn(편). *The new cultural history*. University of California Press, 1989. 우리말 번역서 『문화로 본 새로운 역사』(조한욱 옮김, 소나무, 1996)

Iggers, Georg G. *Historiography in the Twentieth Century. From Scientific Objectivity to the Postmodern Challenge*, Göttingen, 1996. 우리말 번역서 『20세기 사학사』(임상우 · 김기봉 옮김, 푸른역사, 1998)

Kinser, Samuel. "Annaliste Paradigm? The Geohistorical Structure of Fernand Braudel", *American Historical Review* 86, 1981.

Labrousse, Ernest. "En guise de toast à Fernand Braudel: Aux

vingt cinq ans de la Méditerranée". *Mélanges Fernand Braudel*.
Paris, 1972.

Le Goff, Jacques. "Is politics still the backbone of History?".
Historical studies today, 1972.

――――. *Pour un autre Moyen Age*(또다른 중세를 위하여. 서양의 시
간, 노동 그리고 문화: 18편의 에세이). Paris: Gallimard, 1977.

――――. *Saint Louis*. Paris: Gallimard, 1996.

Le Goff, Jacques(편), *La Nouvelle Histoire*. Paris: C.E.P.L., 1978.
자크 르 고프가 로제 샤르티에, 자크 르벨 등과 함께 엮은 사
전. 아날학파의 '신화'가 만들어진 곳.

Le Roy Ladurie, Emmanuel. *Les Paysans de Languedoc*(랑그독의
농민들). Paris: Mouton, 1966.

――――. *Montaillou, village occitan de 1294 à 1324*(몽타유. 1294
년에서 1324년까지의 랑그독 지방의 마을). Paris: Gallimard, 1975.

――――. *Le Carnaval de Romans*(로망의 사육제). Paris:
Gallimard, 1979.

――――. *Le siècle des Platter. Le mendiant et le professeur*(플라
터 집안의 세기. 거지와 교사). Paris: Fayard, 1995.

Mandrou, Robert. *Magistrats et sorciers en France au XVIIe siècle.
Une analyse de psychologie historique*(17세기 프랑스의 법관과 마
녀. 역사 심리학 분석). Paris: Seuil, 1980.

Rémond, René(편). *Pour une histoire politique*(정치사를 위하여). Paris: Seuil, 1988.

Schmale, Wolfgang. *Geschichte Europas*. Vöhlau Verlag, 2001. 우리말 번역서 『유럽의 재발견. 신화와 정체성으로 보는 유럽의 역사』(박용희 옮김, 을유문화사, 2006)

Thomson, J. K. J. *Declin in History*. The European Experience. Polity Press, 1998.

Wallerstein, Immanuel. *The Modern World-System I. Capitalist Agriculture and the Origins of the European World-Economy in the sixteenth century*. Academic Press, 1974. 우리말 번역서 『근대세계체제 I. 자본주의적 농업과 16세기 유럽 세계경제의 기원』(나종일 외 옮김, 까치, 1999)

──────. *The Modern World-System II. Mercantilism and Consolidation of the European World-Economy, 1600-1750*. Academic Press, 1980. 우리말 번역서 『근대세계체제 II. 중상주의와 유럽 세계경제의 공고화 1600-1750년』(유재건 외 옮김, 까치, 1999)

──────. *The Modern World-System III. The second era of Great Expansion of the Capitalist World-Economy, 1730-1840s*. Academic Press, 1989. 우리말 번역서 『근대세계체제 III. 자본주의 세계경제의 거대한 팽창의 두 번째 시대 1730-1840

년대』(김인중 외 옮김, 까치, 1999)

Wallerstein, Immanuel. *Unthinking Social Science*, 1991. 우리말 번역서 『사회과학으로부터의 탈피. 19세기 패러다임의 한계』(성백용 옮김, 창작과비평사, 1994)

White, Lynn. *Medieval technology and social change*. Oxford University Press, 1962. 우리말 번역서 『중세의 기술과 사회변화. 등자와 쟁기가 바꾼 유럽 역사』(강일휴 옮김, 지식의풍경, 2005) 유럽중심주의 역사학에 속한다고 비판받는 책이다.

연보

페르낭 브로델 연보

1902년

8월 24일 뫼즈 도의 뤼메일 앙 오르누아에서 출생. 시골에서 할머니와 함께 유년 시절을 보낸 후 1908년 파리에 왔음.

1913~1920년

Lycée Voltaire에서 중등교육과정을 마침.

1920년

소르본 대학 입학.

1923년

역사교사자격시험(agrégation) 합격.

1924〜1932년

알제리 알제의 콩스탄틴 고등학교와 알제 고등학교에서
역사 강의.

1932〜1935년

파리의 콩도르세 고등학교와 앙리 4세 고등학교에서 역사 강의.

1935〜1937년

브라질 상파울루 대학 인문학부 교수.

1937년

고등학문연구원 제4부(문헌학과 역사학) 교수.

1940〜1945년

독일 마인츠와 뤼벡 포로 수용소 수감.

1945년

소르본 대학에서 강의.

1946〜1968년

『아날』 편집위원.

1947년

『지중해』로 박사 학위 취득.

1950〜1972년

콜레주 드 프랑스 근대문명사 강좌 교수.

1956〜1972년

고등학문연구원 제6부(경제사회과학) 교수.

1962년

인간학 연구원 창설.

1984년

아카데미 프랑세즈 회원 선임.

1985년

10월 18~20일 샤토발롱에서 페르낭 브로델 학술제가 열림. 11월 28일 사망.

페르낭 브로델은 옥스퍼드, 브뤼셀, 마드리드, 바르샤바, 캠브리지, 예일, 주네브, 파도바, 라이드, 몬트리올, 쾰른, 시카고 대학 등에서 명예 박사 학위를 받았음.

서양 근대사 연보

1453년

영국과 프랑스의 백년전쟁 종식.

1453년

터키, 콘스탄티노플 점령.

1479년

카스티야 왕국과 아라곤 왕국의 통합.

1492년

에스파냐, 이베리아반도 최후의 이슬람 왕국인 그라나다

왕국 정복.

콜럼버스, 서인도제도 도착.

1494~1559년

이탈리아 전쟁.

1498년

바스코 다 가마, 인도의 캘리컷 도착.

1517년

마르틴 루터, 종교개혁 시작.

1519년

에스파냐 왕 카를로스 1세가 신성로마제국 황제가 됨(재위 1519~1556).

1519~1521년

마젤란, 세계 일주.

1521년

에스파냐의 코르테즈, 아즈텍제국 정복.

1533년

피사로, 잉카제국 정복.

1545년

에스파냐, 포토시(지금의 볼리비아 남부) 은광 개발.

1556년

펠리페 2세가 에스파냐의 왕이 됨(재위 1556~1598)

1567년

에스파냐의 알바 공작이 네덜란드의 독립운동을 잔혹하
게 진압.

1571년

기독교 연합군, 레판토 해전에서 터키에게 승리.

1580년

에스파냐, 포르투갈 합병.

1588년

영국, 에스파냐의 무적함대 격파.

1600년

영국, 동인도회사 설립.

1604년

네덜란드, 동인도회사 설립.

1648년

뮌스터 조약으로 네덜란드 독립 공식 인정.

1709년

다비, 코크스 제철법 발명.

1764년

하그리브스, 제니 방적기 발명.

1768년

아크라이트, 수력방적기 발명.

1769년

와트, 증기기관 개발.

1789년

프랑스혁명 발발.

1798년

맬더스, 『인구론』 발간.

1825년

스티븐슨, 스톡턴-달링턴 간 철도 건설.

용어 설명

가격혁명

아메리카 대륙 발견 이후 아메리카 대륙에서 유럽으로 유입된 다량의 금과 은 때문에 16세기 말 유럽에서는 지방에 따라 가격이 2~4배 앙등했는데 이것을 가격혁명이라 부른다. 기존에는 이렇게 귀금속의 유입을 가격혁명의 원인으로 보았으나 최근에는 유럽에서의 인구 증가도 가격혁명의 원인으로 보고 있다.

군주들의 거울

군주들이 마치 거울에 자기를 비추어보듯이 자기의 행적을 비추어볼 수 있게 해주는 교훈적인 책을 "군주들을 위한 거울"이라고 한다. "군주들을 위한 거울"은 그리스 역사가인 크세노폰의 『키로파이디아』에서부터 시작되어 중세를 거쳐 근대로 이어지는데, 한결같이 최선의 군주를 모델로 삼으라는 충고를 한다. 반면에 마키아벨리는 군주들이 당위적인 의무보다 현실적인 필요에 충실하라고 가르침으로써 "군주들을 위한 거울"의 전통을 계승하면서도 근대적인 정치학의 문을 열었다.

두꺼운 묘사

미국의 인류학자인 클리퍼드 기어츠(Clifford Geertz)의 thick description을 우리말로 옮긴 것이다. 기어츠는 윙크를 하기 위해 눈꺼풀을 수축시키는 것과 눈에 경련이 일어나서 눈꺼풀을 수축시키는 것은 동일한 현상이지만 그 의미는 차이가 있다는 예를 들면서, 현상만 기술하는 것을 thin description, 현상의 의미를 기술하는 것을 thick description이라고 구분한다. 기어츠의 『문화의 해석』을 번역한 문옥표 교수는 thick description을 "중층기술"이라고 번역했지만, 국내 역사가들은 "두꺼운 묘사" 혹은 "두터운 묘사"라고 번역한다.

디아스포라(Diaspora)

디아스포라는 '이산(離散) 유태인' '이산의 땅'이라는 의미로 사용된다.

기원전 8세기 후반부터 이스라엘 민족은 팔레스타인 바깥쪽으로 퍼져나가기 시작했다. 아시리아, 바빌로니아 등의 거듭된 침략 전쟁으로 유태인들의 왕국이 멸망하였기 때문이다. 유태인은 이집트와 헬레니즘 문화권으로 대거 이동하였다. 그곳에서 주로 수공업과 무역에 종사하던 그들은 본토 유태인들보다 높은 수입을 올렸으며, 그 중요성을 인정받아 알렉산드리아 같은 곳에서는 원주민보다 높은 지위를 얻을 수 있었다. 그리스 학문의 중심지였던 알렉산드리아는 유대적 헬레니즘 학문의 중심지이기도 했는데, 그곳의 유태인들은 '70인역(譯)'이라고 불리는 구약성서의 그리스어 역본을 출간하여 그리스도교에 큰 영향을 주었다. 그리스 문화에 물들었음에도 불구하고, 디아스포라의 유태인들은 팔레스타인을 그들의 정신적인 고향으로 생각하였다.

디아스포라를 통하여 반(反)유태인적 풍조가 발생했다. 유태인들의 민족적 배타성, 경제적 번영, 특권들 때문에 많은 도시에서 유태인을 대상으로 한 외국인 혐오가 퍼졌다. 이것은 20세기 초까지 이어진 집요하고도 비이성적인 반유대주의와 같은 맥락에서 이해되고 있다. 이와 같은 맥락에서 '디아스포라'는 유태인의 정체성을 함축적으로 보여주는 대표적인 말이 되었다.

마르탱 게르(Martin Guerre)

미국의 역사학자 나탈리 제몬 데이비스의 『마르탱 게르의 귀향』이라는 저서에 등장하는 인물. 이 책의 내용은 다음과 같다. 가출했던 남편이 8년 만에 돌아와 이전과는 판이한 태도로 가족을 충실히 부양하였는데, 몇 년이 흐른 뒤 아내는 실제 남편과 공모하여 현재의 남편이 가짜라며 재판에 회부한다. 남자가 자기가 진짜 남편임을 법적으로 인정받을 무렵 진짜 남편이 나타나고, 그는 '아르노 뒤 틸'이라는 사기꾼으로 밝혀진다. 저자는 당시 재판에 참여했던 장 드 코라스 판사의 『잊을 수 없는 판결』이란 책과 1547년 브르타뉴의 변호사 노엘 뒤 파이가 발간한 『시골 이야기』를 토대로 당시의 상황을 재구성한다. 『마르탱 게르의 귀향』은 신문화사의 대표적 저술 중 하나로 꼽히며, 이 이야기는 프랑스에서 동명의 영화로 제작되었고, 할리우드에서는 시대적 배경을 남북전쟁 시기로 변경해 「써머스비」라는 영화로 제작되었다.

모리스코 축출

모리스코는 이슬람이 강성하던 7세기에 북아프리카에서 건너와 이베리아 반도를 정복한 무어 족의 후손들로서, 1492년 그라나다 정복으로 '재정복'이 마무리된 후 가톨릭으로 강제 개종한 사람들을 말한다. 1609년에서 1614년 사이에 단행된 30만 명의 모리스코 축출은 스페인 국토회복전쟁의 완성이라는 상징적 의미를 지니고 있다. 그런데 공교롭게도 이 추방령이 발표된 1609년 4월 9일은 네덜란드와 12년 휴전 조약을 체결한 날과 일치한다. 따라서 이 조치에는 네덜란드와의 평화라는 굴욕을 모리스코의 제거를 통한 스페인의 완성이라는 영광으로 덮어, 1609년을 굴욕이 아닌 영광의 해로 만들려는 속셈이 숨어 있다고 봐야 할 것이다. 모리스코들은 상업 등 경제 분야에 종사하고 있었기 때문에, 모리스코 축출은 스페인 경제에 큰 타격을 주었다.

베르뱅의 평화(조약)

1598년 5월 2일 스페인과 프랑스 사이에 맺은 평화조약. 이 조약을 통해 스페인과 프랑스는 국경 문제를 해결할 수 있었다. 무적함대로 대서양을 누비던 스페인은 1570년대에 이르러 심각한 재정 위기를 맞는다. 1570년대 후반 신대륙에서 들어온 막대한 양의 은 덕분에 이 위기가 진정되는가 싶었지만, 오히려 이 은 때문에 펠리페 2세는 더욱 무리한 사업을 펼치게 된다. 1590년대에 이르러 스페인 경제는 지불 능력의 한계를 드러냈고, 펠리페 2세는 1596년 11월 29일 파산 선언을 하기에 이른다. 1575년의 파산 선언에 이어 두 번째였다. 경제적 한계 상황 때문에 펠리페 2세는 제국주의 정책을 더 이상 펼칠 수 없었고, 스페인은 결국 평화 정책으로 돌아서야만 했다. 프랑스는 프랑스대로 스페인과의 전쟁을 끝내야 하는 필요성을 느끼고 있었다. 종교 갈등으로 인한 내전으로 프랑스 내부는 심한 상처를 안고 있었기 때문이다. 스페인과 프랑스의 이러한 이해 관계는 베르뱅의 평화조약으로 이어졌다.

비달 지리학파

프랑스 지리학자인 비달 드 라 블라쉬(Paul Vidal de La Blache. 1845~1918)의 영향을 받은 프랑스의 인문지리학자들을 가리킨 다. 이들은 소단위 지역에서 인간과 인간을 에워싸고 있는 환 경과의 유기적인 관계를 파악하는 데 역점을 두었다. 비달 지 리학의 핵심적인 개념은 '생활양식'이다.

사건사

프랑수아 시미앙과 폴 라콩브는 전통적인 역사학자들이 사건 들—전쟁, 조약, 국왕의 정책 등—만을 연대순을 열거한다며 이들의 역사학을 '사건사(事件史)'라고 비판했다. 사건사에 대 한 비판은 페르낭 브로델의 『지중해』에 예시적으로 잘 나타나 있다.

상업혁명

아메리카 대륙 발견 이후 16세기에 출현한 광대한 새로운 시장 과 이를 바탕으로 이루어진 유럽 경제의 비약적인 발전을 상업혁명이라고 부른다.

생산양식론

카를 마르크스는 『정치경제학 비판을 위하여』(1859)의 '서문'에서 인류의 경제적 사회구성은 아시아적 생산양식, 고대적 생산양식, 봉건적 생산양식, 근대 부르주아적 생산양식으로 진보해왔다고 말하며, 생산력과 생산관계의 모순을 통해서 역사발전을 설명한다. "인간은 그들 생활의 사회적 생산에서 그들의 물적 생산제력의 일정한 발전 수준에 조응하는 일정한, 필연적인, 그들의 의사와는 무관한 생산제관계를 맺는다. 이 생산제관계 전체가 사회의 경제적 구조, 현실적 토대를 이루며, 이 위에 법적이고 정치적인 상부구조가 세워지고 일정한 사회적 의식형태들이 그 토대에 조응한다. 물적 생활의 생산양식이 사회적·정치적·정신적 생활과정 일체를 조건 지운다. 인간의 의식이 그들의 존재를 규정하는 것이 아니라, 반대로 그들의 사회적 존재가 그들의 의식을 규정하는 것이다. 사회의 물적 생산제력은 어떤 발전단계에 이르면 그들이 지금까지 그 안에서 움직여왔던 기존의 생산제관계, 또는 이것의 단지 법률적 표현일 뿐인 소유제관계와 모순에 빠진다. 이들 관계는 생산제력의 발전 형태들로부터 질곡으로 전환된다. 그러면 사회적 혁명기가 도래한다."

수력사회론

아시아에서는 대규모 관개를 위해 중앙집권적인 강력한 전제 군주가 필요했다는 것이 카를 비트포겔(K. Wittfogel)의 '수력사회(水力社會)론' 이다. 수력사회는 사회적 정체(停滯)의 좋은 예이며, 중국은 수력사회의 대표적인 사례였다. 비트포겔은 수력사회를 "외부로부터 물질적으로 붕괴시키지 않는 한 기본적인 구조를 버릴 수 없는 사회" 라고 규정함으로써 중국 사회 정체론을 말한 셈인데, 유럽중심주의적인 해석이라는 비판을 받는다.

신경제사

로버트 포겔같은 경제학을 전공한 경제사가들이 경제학의 개념과 통계적인 방법을 동원하여 역사적인 사건들의 의미를 분석한 경제사를 말하며, 계량경제사(Econometric history)라고도 불린다. 예들 들면 신경제사가들은 19세기에 철도가 가져다준 사회적 효과를 가늠하기 위해서 철도가 없었더라면 어떠했을까라는 가정하에 철도가 건설되었을 때와 건설되지 않았을 때의 경제적·사회적 효과를 통계적으로 비교한다. 신경제사가들의 반(反)사실적인(counterfactual) 방법은 역사가들의 비판을 받았다.

신문화사

20세기 중반 이후 역사학계를 지배한 아날학파와 마르크스주의 역사학의 사회사가 퇴조하면서 20세기 말에 등장한 문화사를 말한다. 전통적인 문화사가 엘리트적인 문화에 초점을 맞추었다면 신문화사는 민중문화에 초점을 맞춘다고 단순하게 이해할 수 있다.

아시아적 전제

마르크스의 아시아적 생산양식 개념에 의하면 아시아는 생산자가 국가라는 지주에 종속되어 있기 때문에 토지에 대한 개인소유가 존재하지 않는다. 다시 말하면 생산의 원동력이 전제적인 국가에 속해 있었기 때문에 사유재산과 계급투쟁이 출현하지 못했다. 따라서 아시아는 역사발전이 없는 정체적인 사회를 면할 수 없었다. 이러한 마르크스의 개념은 비트포겔의 수력사회론으로 이어진다. 비트포겔은 아시아는 대규모 관개사업을 위해서 '아시아적 전제(專制)'라는 정치체제를 채택했다고 설명한다. 동양과 달리 오직 서양만이 사회적 권력과 제도의 불안전한 균형을 누렸다는 이러한 주장 역시 '수력사회론'과 마찬가지로 '유럽중심주의'라는 비판을 받고 있다. 실제로 남인도의 왕국들은 고도로 중앙집권적이지도 않았으며 전제적이지도 않았다.

앙시앵 레짐

1789년 프랑스혁명 이후 혁명가들은 자기들의 체제를 새로운 체제라고 불렀고 자기들이 무너뜨린 체제를 구체제(Ancien Régime)라고 불렀다.

카토 캉브레지 평화조약

합스부르크 제국은 북이탈리아를 두고 프랑스와 경쟁했으나 승리하지 못했다. 그 결과 1559년 체결한 카토 캉브레지 조약으로 합스부르크 제국은 북이탈리아를 유지할 수 있었으나 라인 강 변의 요지들을 모두 프랑스에 양보해야 했다. 이 문제는 알자스 로렌 분쟁으로 이어져 19세기 말까지 프랑스와 독일 사이의 대립을 야기한다.

콘드라티에프(Nikolai Kondratieff)

20세기 러시아의 경제학자. 그는 산업화한 경제의 가격과 생산 변동은 독특하면서도 반복적인 주기를 형성한다는 이론을 발표했고, 그의 이론은 '콘드라티에프 파동'이라는 용어로 정립되었다. 콘드라티에프 파동은 3개의 층위로 표현되는데, 장기 파동은 50~60년을 주기로 기술 혁신, 신자원 개발, 전쟁 등에 따라 나타나는 장기적인 경기순환을 의미하고, 중기 파동은 10년 전후를 주기로 설비투자와 관련해 나타나며, 단기 파동은 2~6년을 주기로 통화 공급이나 물가·재고 변동 등과 관련해 나타난다.

푸자드주의

1594년 프랑스의 서점 주인 피에르 푸자드(Pierre Poujade)를 중심으로 중소기업가, 소상점주, 자영업자 등이 결집하여 정부의 과도한 세금 부과와 대기업 합병에 반대하고 중소 규모의 경제 체제를 보존하려 했던 정치 운동.

주

1부

1) 1946년에는 잡지의 이름을 『아날. 경제들, 사회들, 문명들』로 바꾸었으며, 1994년에는 다시 『아날. 역사와 사회과학』으로 바꾸었다. '아날(annales)'은 연보(年報)라는 뜻으로 '아날학파'라는 단어는 여기에서 나온 것이다. 본서에서는 잡지의 이름을 굳이 구분하지 않고 『아날』이라고 통칭하기로 한다.

2) Pierre Daix, *Braudel*, Flammarion, 1995. p. 221. 브로델의 포로수용소 생활은 이 책에서 참고한 것이다.

3) 콩종튀르는 국면, 국면 변동 등으로 번역하기도 하지만 주기적인 상승 하강 곡선이라는 뜻이기 때문에 원어대로 콩종튀르라고 쓴다.

4) 1985년 현재 영어, 이탈리아어, 스페인어, 폴란드어, 포르투갈어, 독일어, 그리스어, 루마니아어, 터키어로 번역되었으며, 이후 일본어로도 번역되었다. 한국어 번역 작업은 완료되었으나 아직 출판되지 않고 있다.

5) '세계-경제'와 '세계경제'는 다른 개념이다. 세계경제는 세계가 하나의 경제권으로 통합되어 있다는 것이고, 세계-경제는 전 지구적인 경제권이 아니라 세계경제의 일부이지만 그 자체로 자율적인 경제세계를 가리킨다. 예컨대 16세기 지중해 세계는 하나의 세계-경제였다.

6) 이매뉴얼 월러스틴, 성백용 옮김, 『사회과학으로부터의 탈피』, 창작과비평사, 1991. p. 270.

7) 1985년 샤토발롱에서 열린 브로델 학술제에서 경제학자인 폴 파브라가 한 비판이다.(*Une leçon d'histoire de Fernand Braudel*, Châteauvallon, 1985년 10월, Arthaud-Flammarion, 1986, p. 91); 주경철, 「페르낭 브로델 사관의 재점검」, 『서양사연구』 26, 2000, p. 104.

8) Giuliana Gemelli, *Fernand Braudel*, Paris, Edition Odile Jacob, 1995, p. 213.

2부

1) 안드레 군더 프랑크, 이희재 옮김, 『리오리엔트』, 이산, 2003.

2) 강철구, 『역사와 이데올로기. 서양 역사학의 유럽중심주의에 대한 비판적 검토』, 용의숲, 2004, pp. 51, 52.

3) 볼프강 슈말레, 박용희 옮김, 『유럽의 재발견. 신화와 정체성으로 보는 유럽의 역사』, 을유문화사, 2006, p. 15.

4) 『소고(小考)』는 라부르스의 박사 학위 논문인 『18세기 프랑스의 가격과 소득 움직임 소고 *Esquisse du mouvement des prix et des revenus en France au XVIIIe siècle*』(1932)를, 『위기』는 『앙시앵 레짐 말 프랑스혁명 초 프랑스 경제의 위기 *La crise de l'économie française à la fin de l'Ancien Régime et au début de la Révolution*』(1943)를 가리킨다.

5) 노서경, 「1980년대 이후 프랑스의 '정치사 복원'에 대한 보고와 비평」, 『서양사 연구』 28, 2001, pp. 38~40.

페르낭 브로델

| 펴낸날 | 초판 1쇄 2006년 7월 30일 |
| | 초판 2쇄 2012년 3월 27일 |

지은이　**김응종**
펴낸이　**심만수**
펴낸곳　**(주)살림출판사**
출판등록 1989년 11월 1일 제9−210호

경기도 파주시 문발동 522−1
전화 031)955−1350 · 팩스 031)955−1355
http://www.sallimbooks.com
book@sallimbooks.com

ISBN 89−522−0534−0　04080
ISBN 89−522−0314−3　04080 (세트)